alegria de se render

Uma viagem de 40 dias para aumentar nossa dependência de Jesus.

Rolland & Heidi Baker

alegria de se render

Uma viagem de 40 dias para aumentar nossa dependência de Jesus.

Rolland & Heidi Baker

Editora Quatro Ventos
Rua Liberato Carvalho Leite, 86
(11) 3230-2378
(11) 3746-9700

Tradução: João Antonio Walendowsky
Diretor executivo: Renan Menezes
Editora responsável: Sarah Lucchini
Equipe Editorial:
Mara Eduarda Garro
Paula de Luna
Diagramação: Vivian de Luna
Capa: Estúdio Ditongo (Vinícius Lira)

Todos os direitos deste livro são reservados pela Editora Quatro Ventos.

Proibida a reprodução por quaisquer meios, salvo em breves citações, com indicação da fonte.

Todas as citações bíblicas e de terceiros foram adaptadas segundo o Acordo Ortográfico da Língua Portuguesa, assinado em 1990, em vigor desde janeiro de 2009.

Todo o conteúdo aqui publicado é de inteira responsabilidade do autor.

Todas as citações bíblicas foram extraídas da Nova Versão Internacional, salvo indicação em contrário.

Citações extraídas do site https://www.bibliaonline.com.br/nvi. Acesso em setembro de 2019.

Copyright 2019 by Heidi and Rolland Baker
Originally published in English with the title Joyful Surrender by River Publishing & Media Ltd, Maidstone, United Kingdom.
All rights reserved.

1ª Edição: Outubro 2019

Ficha catalográfica elaborada por Geyse Maria Almeida Costa de Carvalho – CRB 11/973

B167a Baker, Heidi

Alegria de se render: uma viagem de 40 dias para aumentar nossa dependência de Jesus / Heidi Baker, Rolland Baker. - São Paulo: Quatro ventos, 2019.
168 p.

ISBN: 9788554167257

1. Religião. 2.Cristianismo. 3. Crescimento espiritual.   CDD 207
I. Titulo.   CDU 27

Sumário

Dia 1 Cresça! 9

Dia 2 Confie em sua liderança 13

Dia 3 Pergunte pelas coisas certas 17

Dia 4 Simples e descomplicado 19

Dia 5 As duras palavras de Jesus 23

Dia 6 Seu caminho 27

Dia 7 O poder da alegria 29

Dia 8 Alegria e sofrimento 31

Dia 9 Sofrimento diário 35

Dia 10 Sim, Papai 39

Dia 11 Respire fundo 41

Dia 12 Arrume um barco 43

Dia 13 Olhe para frente 47

Dia 14 Confiança **51**

Dia 15 Espere o inesperado **55**

Dia 16 Esteja presente **59**

Dia 17 Deus não é o Papai Noel **63**

Dia 18 Bela misericórdia **67**

Dia 19 Um amor que nunca morre **71**

Dia 20 Promessas **75**

Dia 21 Escondido **79**

Dia 22 Perseverança **83**

Dia 23 Brilho **87**

Dia 24 Adotados **91**

Dia 25 Ele conhece você! **95**

Dia 26 A mente de Cristo **99**

Dia 27 Você está
disposto a morrer? **103**

Dia 28 Uma colheita poderosa 107

Dia 29 Encontrando Deus 111

Dia 30 Fogo 115

Dia 31 Somente Jesus 119

Dia 32 Lance sua coroa 123

Dia 33 Deleite-se 127

Dia 34 Amor simples 131

Dia 35 Passo a passo 135

Dia 36 Um rio correndo
através de você 139

Dia 37 Graça insaciável 141

Dia 38 Triunfos da misericórdia 145

Dia 39 O poder de Deus 149

Dia 40 Faça Deus feliz 153

Sobre o Iris Global 157

Dia 1

Cresça!

Deixem vir a mim as crianças, não as impeçam; pois o Reino de Deus pertence aos que são semelhantes a elas. (Marcos 10.14b)

Muitos de nós enchemos nossas vidas com conferências intermináveis, ensino de escolas bíblicas, aulas de teologia e reuniões de liderança. Tudo isso é ótimo, mas essas atividades têm um objetivo: preencher nossos cérebros com mais conhecimento e informação. Se não tivermos cuidado, podemos passar mais tempo aprendendo sobre como amadurecer do que realmente fazendo isso!

Sabemos a respeito do que Jesus ensina em Lucas 18.17b: "Quem não receber o Reino de Deus como uma criança, nunca entrará nele". Mas como é que fazemos isso enquanto adultos, pessoas maduras? Não é sendo religiosos que conseguimos. Muito menos atuando para Ele. O segredo é simplesmente tornar Jesus o grande prazer e entusiasmo das nossas vidas – pondo a nossa confiança completamente n'Ele.

Você se lembra da época em que se curvava para receber um abraço da sua mãe, do seu pai, ou dos seus avós quando era pequeno? Recorda-se da segurança que sentia, sem se preocupar com nada? Essa é a imagem perfeita de um cristão maduro, adulto, responsável e forte nos braços do Senhor. Ser totalmente dependente de Jesus não é ser fraco ou irresponsável – na verdade, demonstra uma fé profunda e confiante n'Ele. Muitos de nós teremos que trabalhar para desenvolver esse tipo de fé em Cristo. Ou talvez descobri-lO pela primeira vez.

Você já reparou como as crianças não são nada autoconscientes? Elas expressam as suas emoções de forma livre, aberta e honesta. Dançam, cantam e choram sem vergonha alguma. Deus Pai nos aponta para o exemplo delas. Ele anseia que sejamos inspirados por sua liberdade e falta de cinismo. Isso preocupa algumas pessoas, especialmente na igreja. Eles pensam que qualquer demonstração externa de emoção que chame a atenção é carnal e "do mundo". Então, ficam quietos. Mesmo quando adoram, podem parecer sombrios e formais. Não levantam as mãos nem mexem os pés, por medo de parecerem tolos ou infantis. Mas que tipo de amor temos se não o expressamos livremente?

Quando adoramos, estamos demonstrando nosso deleite e amor por Deus com todo o nosso ser. Portanto, nosso espírito, alma e corpo estão envolvidos. Jesus nos ama tanto! Vamos amá-lO de volta, adorá-lO com tudo que somos. Vamos expressar o nosso afeto sincero levantando as mãos, dançando e gritando. Não somos fantoches de madeira à espera de que Deus nos puxe os barbantes.

O rei Davi fez um espetáculo completo de si mesmo dançando com todas as suas forças diante do Senhor. Ele foi em frente sem hesitações. Estava tão apaixonado por Deus que dançou como uma criancinha, e Deus Pai amou!

Por isso, seja como uma criança. Adore com todo o seu coração, com todo o seu ser. Não crie um teatro para os outros, e também não se preocupe com o que eles pensam. Deixe-se levar! Deus consegue ver seu coração e dizer se você realmente O ama. Então grite, dance, toque uma canção. Vire-se de cabeça para baixo, cante, seja livre.

Não há outro lugar neste mundo onde você possa ser verdadeiramente livre, a não ser em Sua presença. Portanto, as reuniões na igreja não devem ser os momentos mais contidos e controlados da sua semana. Precisam ser os mais livres! Como diz em Salmos 104.33: "Cantarei ao Senhor toda a minha vida; louvarei ao meu Deus enquanto eu viver".

Dia 2

Confie em sua liderança

"Pois os meus pensamentos não são pensamentos de vocês, nem os seus caminhos são os meus caminhos", declara o Senhor. (Isaías 55.8)

Sempre que pensamos já saber o que fazer, estamos em perigo. Especialmente em missões. Isso, porque há uma linha de raciocínio que funciona assim: queremos impactar o maior número de pessoas e ter a maior influência possível, por isso, fazemos tudo de uma forma muito lógica. Primeiro estendemos a mão para os agitadores, os ricos e famosos. Temos reuniões estratégicas e fazemos as pesquisas necessárias. Então procuramos pastores proeminentes e líderes de adoração, sem perder nosso tempo com as pessoas "pequenas" e sem influência, porque tudo isso acabará chegando até elas. Dizemos a nós mesmos: "Vamos planejar algo GRANDE!". Não começaríamos a nossa estratégia de missões com um "ninguém" no meio do "nada". Mas Deus não trabalha como nós.

Exemplo disso foi quando visitamos o Havaí, a caminho da Ásia. Estávamos em uma igreja pequena em uma plantação de açúcar em Oahu, espalhando o Evangelho através de dança e teatro. Depois do encontro, uma senhora filipina se aproximou de nós e disse que deveríamos levar nossa produção para seu país. Obviamente dissemos que isso seria impossível. Não tínhamos passagens aéreas, nem vistos ou dinheiro. Também não conhecíamos ninguém lá.

Mas ela foi insistente. Disse que precisávamos ir, e já ia ligar para o seu irmão, que vivia lá, para avisá-lo. Eventualmente desisti de convencê-la do contrário e fui para a embaixada em Honolulu. Contei-lhes quem éramos e o que fazíamos, sem ter qualquer esperança de conseguir o visto para viajar. De forma inacreditável, toda a equipe conseguiu os vistos em um dia. Eles também mudaram as nossas passagens aéreas sem nenhum custo extra.

Então, voamos e aterrizamos em Manila, onde não conhecíamos ninguém. Não tínhamos dinheiro algum. Estávamos sem almoço, sem hotel, sem nada. Saímos do avião com nada além do nome do irmão daquela senhora.

O que não fazíamos ideia era que esse homem era um piloto famoso na equipe de demonstração de voo da Força Aérea Filipina. Assim, antes mesmo de saber disso, éramos todos convidados de honra na base aérea de Manila e estávamos sendo hospedados pelo comandante geral de toda a base, onde uma reunião para cerca de cinco mil pessoas foi organizada, incluindo os pilotos, suas famílias e amigos. Duas mil e quinhentas pessoas vieram ao Senhor só no primeiro dia! Então, o General usou o seu jato privado para voarmos por toda Filipinas.

Recordando esta história agora, vejo o quão perceptível é o tamanho do milagre. Ouvimos uma senhora em uma pequena igreja no meio do nada, seguimos a orientação do Espírito Santo, e Deus abriu uma porta para pregarmos em uma nação inteira. Só o Senhor conseguiria fazer isso, mas podíamos facilmente ter perdido esta oportunidade.

Portanto, se desafie a confiar na liderança de Deus, mesmo que isso não faça sentido algum para você. Esteja atento e escute o Seu Espírito. Siga Suas instruções e veja as oportunidades incríveis Ele pode abrir para você hoje.

Dia 3

Pergunte pelas coisas certas

Peçam, e será dado; busquem, e encontrarão; batam, e a porta lhes será aberta. Pois todo o que pede, recebe; o que busca, encontra; e àquele que bate, a porta será aberta. (Mateus 7.7-8)

Quando a fome santa te agarra, você começa a pedir coisas que nem sabia que queria. Uma vez que você inicia uma vida totalmente entregue a Deus, passa a desejar as coisas certas. Salmos 37.4 diz: "Deleite-se no Senhor, e ele atenderá aos desejos do seu coração". O problema é que, muitas vezes, não conhecemos os verdadeiros anseios do nosso coração. Pensamos que sim, mas Deus é quem, de fato, sabe.

O que significa "deleitar-se" em Deus? Deleitar-se no Senhor diz respeito a mergulhar n'Ele. É estar submerso, engolido e totalmente entregue. No lugar secreto da Sua presença, naquele local de adoração, há um alinhamento sobrenatural, onde o nosso coração e o d'Ele se conectam.

Quando estamos totalmente conectados a Deus, e somos completamente conhecidos por Ele, não há medo em Lhe confiar nossas mais estimadas esperanças, desejos e sonhos. E ao fazermos de Deus nosso amor, nossa vida, nosso tudo, o Espírito Santo nos inunda por inteiro. Sua presença dissolve as barreiras rígidas, as feridas, o chão congelado, e faz os nossos corações mais parecidos com o d'Ele.

Isto é tão empolgante! Você poderá se surpreender com um desejo repentino de fazer alguma coisa ou ir a algum lugar. Passará a orar por pessoas de quem não gosta e ajudar a quem foi rude com você. Escolherá perdoar ao invés de se apegar à ofensa. À medida que seu coração se esvaziar, surgirão novos desejos e, muitas vezes, as coisas que você pensava que queria acabarão sumindo. Esse lugar de adoração e exaltação é onde você vai começar a pensar em coisas para pedir, aquilo que realmente importa.

Você ousa mergulhar? Ousa oferecer a Deus o seu coração? Ele te ama tanto que você não tem nada a temer. Deixe os desejos d'Ele se tornarem os seus e o Senhor os cumprirá.

Dia 4

Simples e descomplicado

O amor deve ser sincero. (Romanos 12.9a)

Você já notou que nossas livrarias cristãs estão cheias de livros sobre "como realizar sinais e maravilhas", "como experimentar milagres" ou "como conseguir o sobrenatural em sua vida"? Toda conferência aborda temas como "equipar" e "treinar". Mas quanto do Novo Testamento é realmente a respeito disso? Quantos versículos bíblicos nos ensinam a operar sinais e maravilhas? Nenhum. Zero. Nem mesmo um verso. Os milagres chamam a atenção das pessoas, mas o que acontece depois disso? Até mesmo os satanistas e os feiticeiros podem fazer essas coisas, mas para onde irão?

Em razão disso, nossa maior arma não são sinais e maravilhas sobrenaturais, mas sim o amor destemido que irá tocar as pessoas. Quando simplesmente levarmos a presença de Jesus para onde quer que formos, outros a sentirão. Na África, temos um ditado que repetimos o tempo todo: "Deus é bom, Deus é bom, Deus é bom!".

Dizemos isso porque sabemos que, assim, iremos vencer. Quando o mundo está cheio de terror, devemos irradiar paz. Quando os outros se afastam, precisamos abrir bem os braços. É tão fácil. O amor é a resposta para todas as questões da vida.

Os versículos bem conhecidos de 1 Coríntios 13 dizem: "O amor é paciente, o amor é bondoso. Não inveja, não se vangloria, não se orgulha. Não maltrata, não procura seus interesses, não se ira facilmente, não guarda rancor. O amor não se alegra com a injustiça, mas se alegra com a verdade. Tudo sofre, tudo crê, tudo espera, tudo suporta. O amor nunca perece [...]" (1 Coríntios 13.4-8a).

O amor é o que realmente importa. A nossa fé não é um enigma complicado e teológico que precisamos entender. É simples e fácil. Durante o seu dia, aconteça o que acontecer, volte sempre ao amor. Ancore-se nele. Deixe que o amor de Jesus determine como você reage, o que você diz e o que faz. Quando for tentado a reagir, pare e pergunte a si mesmo: "O que o Amor faria?", porque Cristo é a perfeita personificação dele.

Jesus andava com os perdidos, os não queridos, os rejeitados. Por que Ele fazia isso? Por causa do amor. No fundo, todos nós queremos ser amados, notados e valorizados. O menor gesto pode transformar a vida de alguém. Essa bondade extra, o ouvido atento, a compaixão, um abraço...

É por isso que o Senhor disse, em Mateus 5.14-16: "Vocês são a luz do mundo [...] Assim brilhe a luz de vocês diante dos homens, para que vejam as suas boas obras e glorifiquem ao Pai de vocês, que está nos céus". Portanto, seja corajoso. Deixe o fogo do amor de Deus arder tão intensamente através de você, até que o mundo fique deslumbrado ao vê-lo.

Dia 5

As duras palavras de Jesus

O filho sábio acolhe a instrução do pai, mas o zombador não ouve a repreensão. (Provérbios 13.1)

Muitas pessoas falam das "duras palavras de Jesus" como se fossem um elemento tóxico do Evangelho, do qual precisamos estar protegidos. Eles acham que devemos menosprezar estes ensinamentos, porque isso tornará o Evangelho desagradável. Pensam que é melhor esconder essas falas, e simplesmente nunca mencioná-las.

Muitas coisas que Jesus proclamou foram extremamente desafiadoras. Em Mateus 19.21, Ele disse: "Se você quer ser perfeito, vá, venda os seus bens e dê o dinheiro aos pobres [...]". Em Mateus 10.38, afirmou: "E quem não toma a sua cruz e não me segue, não é digno de mim".

Ao ver essas palavras, é comum pensar: "isso não é para mim, é muito difícil". Queremos um Evangelho mais fácil, por isso, procuramos uma igreja que nos faça sentir bem com nós mesmos, um lugar onde possamos fazer amigos e nos divertir. "Vamos limpar um pouco a Bíblia", nós dizemos. "Se nos livrarmos de todas as coisas negativas e nos concentrarmos nas partes boas, será mais apelativo para o mundo!".

Mas, ao fazer isto, criamos um problema maior. A vida não é assim. Não podemos fingir que tudo ficará perfeito quando você se tornar um crente ou que Deus não tem coisas difíceis para nos ensinar. Cada um de nós passa por momentos de luta. Todos somos desafiados pelos acontecimentos das nossas vidas. Enganar a nós mesmos pensando que em Cristo não seremos desafiados é perigoso. Pregar uma mensagem de facilidade e prosperidade faz com que aqueles que estão genuinamente lutando pelo verdadeiro Evangelho recuem. Isso os faz sentir envergonhados por suas vidas, achando que algo deve estar muito errado ou que Deus não está satisfeito com eles. Mas essa não é a verdade.

Se queremos conhecer ao Senhor intimamente, precisamos enxergar a figura completa. Temos de abraçar tudo o que Ele tem a dizer, até mesmo as partes difíceis. Cada versículo das Escrituras existe por uma razão, assim, é necessário que nos perguntemos: "Por que esse versículo está ali? Que verdade Deus está tentando me ensinar?". Nosso Pai nos disciplina, nos guia e nos ensina porque somos Seus filhos e Ele nos ama. E usa todos os versículos da Palavra para fazer isso. Como 2 Timóteo 3.16 confirma: "Toda a Escritura é inspirada por Deus e útil para o ensino, para a repreensão, para a correção e para a instrução na justiça".

Quando passar por um momento difícil em sua vida, não se afaste de Deus. Volte-se para Ele. Humilhe-se e deixe-O guiar você. Abra-se à Sua sabedoria. Da mesma forma, se você conhece alguém que está em um "lugar difícil" neste momento, não julgue. Ande ao lado dessa pessoa. Aponte Jesus para ela e ajude-a a experimentar o Seu amor. Lembre-se de que as palavras duras do Senhor não são restrições. Com a sabedoria de Deus, elas podem ser portas abertas para liberdade, alegria e vida.

Dia 6

Seu caminho

"Porque sou eu que conheço os planos que tenho para vocês", diz o Senhor, "planos de fazê-los prosperar e não de causar dano, planos de dar a vocês esperança e um futuro". (Jeremias 29.11)

Nós gostamos de estar no comando das nossas vidas, não é? Quando sonhamos com o nosso futuro, quantos de nós pensam que sabem mais do que Deus? Temos os nossos próprios planos e ideias, e a preocupação inquietante que passa pela nossa cabeça é que, se convidarmos Deus para a equação, Ele levará tudo embora. Ou nos obrigará a fazer algo que odiamos. Achamos que isso significará desistir de toda esperança e passar a trilhar um "caminho cristão" miserável. Mas nada poderia estar mais longe da verdade. Confiar em Deus não é escravidão. Não é tornar-se um robô.

Salmos 37.4 diz: "Deleite-se no Senhor, e ele atenderá aos desejos do seu coração". Todos nós fazemos planos, mas quando damos um passo de fé e pedimos a

Deus que Se envolva nesses projetos, podemos descansar no conhecimento de que o Seu caminho é o melhor.

Além disso, lemos em Provérbios 3.5-6: "Confie no Senhor de todo o seu coração e não se apoie em seu próprio entendimento; reconheça o Senhor em todos os seus caminhos, e ele endireitará as suas veredas". Ou seja, ser guiado pelo Espírito não é ficar preso na religião. Isso não significa que tudo o que valorizamos será tirado de nós. Pelo contrário, é onde encontramos a verdadeira paz, alegria, liberdade, amor, pureza e uma fonte de sabedoria.

Na verdade, quanto mais o Espírito Santo está no controle de nossas vidas, mais livres e verdadeiramente vivos estamos. Isso é tão incrível. Não é maravilhoso que tenhamos um Deus Pai que nos conhece tão bem – nossos diferentes dons e personalidades – e sabe perfeitamente do que precisamos para sermos felizes? Ele é a vida, a água viva, a fonte.

Portanto, quando você planejar seu dia ou tiver de tomar decisões, nunca seja tentado a "apoiar-se em seu próprio entendimento". Sempre confie no Espírito Santo e siga para onde Ele o levar.

Dia 7

O poder da alegria

[...] a alegria do Senhor os fortalecerá. (Neemias 8.10)

Muitas pessoas andam por aí como se tivessem todas as preocupações do mundo nos ombros. Não têm alegria, nem energia, nem entusiasmo. Eles resmungam e se queixam. A vida parece ser uma grande e decepcionante luta. Mas não deveria ser assim. Você sabia que a alegria é, na verdade, uma fonte de poder dada por Deus? Por isso, Neemias 8.10 nos fornece uma equação simples: a alegria do Senhor é igual à força.

Se nos sentimos cansados e necessitando de mais força, o que realmente precisamos é de mais alegria. E se ficamos focados apenas em nós mesmos, seguindo o nosso próprio caminho, então nos tornamos mortos por dentro. Mas quando vivemos ligados a Deus e plenamente rendidos a Ele, temos uma fonte sobrenatural de energia, alegria e vida que brota de dentro de nós, como um rio de água viva.

A alegria é poderosa. Aprendi com a Igreja perseguida na China que esse sentimento é a energia do Espírito Santo. É ele que nos mantêm firmes quando as coisas se complicam. Traz entusiasmo, paixão e esperança. É também a nossa maior arma. Dá a nós a capacidade de rir diante de Satanás quando ele tenta roubar a nossa fé e nos derrotar. A alegria do Senhor é inabalável. É pura e poderosa. Salmos 16.11 diz: "Tu me farás conhecer a vereda da vida, a alegria plena da tua presença, eterno prazer à tua direita".

Se a vida parece uma provação, conecte-se à fonte de energia. Ao caminhar com Jesus, perceba que você tem o poder do Filho ressurreto de Deus vivendo dentro de você. Seja alegre pela fé. Aproveite o Seu poder, mesmo que com dificuldades. Faça um compromisso de caminhar não apenas na fé e no amor, mas com a verdadeira alegria.

Dia 8

Alegria e sofrimento

Por isso não tema, pois estou com você; não tenha medo, pois sou o seu Deus. Eu o fortalecerei e o ajudarei; eu o segurarei com a minha mão direta vitoriosa. (Isaías 41.10)

Em nosso livro *Sempre haverá o suficiente*[1], escrevemos sobre uma visão que Heidi teve das milhares de crianças das quais ela deveria se encarregar. Na época, estávamos lutando para cuidar de algumas centenas de pessoas e foi esmagador. Por isso, a reação natural de Heidi foi: "Não! Não posso fazer isso!". Mas Jesus, dizendo a ela para olhar em Seus olhos, respondeu: "Porque eu morri, sempre haverá o suficiente". Então Ele lhe entregou um copo e disse que nele tinha alegria e sofrimento. "Você vai beber?", perguntou. A verdade é que a vida cristã é feita tanto de alegria quanto de sofrimento, e a questão é: você vai beber?

---

[1] BAKER, Rolland & Heidi. **Sempre haverá o suficiente**: a surpreendente história de um casal de missionários entre os pobres. Rio de Janeiro: Danprewan, 2004.

A Igreja moderna é rápida em eliminar a ideia de sofrimento. Muitos ensinam que, porque Jesus sofreu, você não terá de fazer o mesmo. Porém, o problema é que isso leva à falsa noção de que, se alguém está passando por um momento difícil no meio cristão, é porque não está exercendo sua fé, não está orando o suficiente ou não tem sua identidade firmada como filho(a) do Rei nesta Terra.

Contudo, vamos pensar nisto por um minuto. O sofrimento não é algo que acontece apenas para algumas pessoas específicas, escolhidas por Deus para aquele único e especial propósito. A Bíblia está cheia de exemplos cujas vidas foram uma mistura de sofrimento e alegria. Os apóstolos foram espancados, quebrantados, maltratados, naufragados, mas continuaram louvando ao Senhor e espalhando as Boas Novas do Seu amor. Como podemos pensar que seria diferente para nós?

Assim, aprender que a vida cristã é um copo de alegria e sofrimento foi o que possibilitou que sobrevivêssemos em Moçambique, sem essa compreensão, não teríamos conseguido. As pessoas que conhecemos, os lugares que visitamos, as situações terríveis que enfrentamos, tudo isso trouxe uma mistura desses dois sentimentos às nossas vidas. No entanto, não é a experiência do sofrimento que realmente importa, mas sim a forma como reagimos a ela.

Será que nos afastamos de Deus? Ou olhamos para Ele? Estamos preparados para deixar que o Senhor pegue nossa mão e nos guie através de cada circunstância? Ou lutamos contra Ele e ficamos amargos e zangados? Cada adversidade, cada momento de sofrimento é uma oportunidade para nos aproximarmos de Deus. Em tempos difíceis, precisamos buscar a Sua vontade e sabedoria de todo o coração. Através disso, nosso caráter, força, compaixão e resiliência crescerão.

Paulo ora em Efésios 1.17: "Peço que o Deus de nosso Senhor Jesus Cristo, o glorioso Pai, lhes dê espírito de sabedoria e de revelação, no pleno conhecimento dele". Do mesmo modo, todos os dias, precisamos procurar conhecê-lO melhor. Portanto, quer estejamos em tempo de alegria ou de sofrimento, que possamos segurar a mão de Deus e caminhar com Ele, sabendo que: "O Senhor é bom para com aqueles cuja esperança está nele, para com aqueles que o buscam" (Lamentações 3.25).

Dia 9

Sofrimento diário

Pois se perdoarem as ofensas uns dos outros, o Pai celestial também lhes perdoará. (Mateus 6.14)

Pergunta: como você sabe que está andando no amor sobrenatural, ágape, que só Deus tem? Resposta: quando é provado.

Fato é que somos testados todos os dias. Muitos de nós pensamos no sofrimento como algo drástico, um regime de isolamento que dura vinte anos, ou até ser presos por conta da nossa fé, baleados ou decapitados por sermos cristãos. Não é a isso que estou me referindo. Estou falando de sofrimento diário. O tipo de dor que ocorre quando alguém nos decepciona ou magoa. Quando fofocam sobre nós ou são cruéis. A reação normal é ficarmos chateados. Talvez possamos confrontar a pessoa, discutir e retaliar. Mas alguns de nós guardam rancor durante anos, colocando a culpa nos outros. Mesmo na igreja temos oportunidades mais do que suficientes para fazer isso.

Quantas igrejas você conhece que se dividiram por causa de um membro que se virou contra outro? As pessoas disputam posição, fofocam e caluniam umas às outras. Talvez o pastor tenha feito alguma coisa errada e você esteja bastante chateado com isso. Você pensa que tem o direito de se sentir assim, então fala sobre o assunto com amigos, colegas e até conhecidos, e ora a Deus pedindo para que Ele "conserte" essa pessoa. Isso soa familiar?

No entanto, quando você está aborrecido, passa a não ter utilidade para Deus. Assim que você fica irritado ou impaciente, sente-se ofendido e guarda isso no seu coração, atrapalhando o mover divino. E quando sente pena de si mesmo, reclama ou fofoca, acaba perdendo a vitória. Em consequência, se você não virar a face, não percorrer a segunda milha, não perdoar e não amar seu inimigo, não estará realmente caminhando no amor de Deus.

Essas são as dificuldades diárias das quais a Bíblia fala. E são elas que tornam cada dia uma oportunidade para aprendermos e crescermos. Efésios 4.31-32 diz muito claramente: "Livrem-se de toda amargura, indignação e ira, gritaria e calúnia, bem como de toda maldade. Sejam bondosos e compassivos uns para com os outros, perdoando-se mutuamente, assim como Deus os perdoou em Cristo".

Portanto, da próxima vez que você for testado, pare! Escolha reagir com amor. Abençoe aqueles que lhe magoam. Tente compreendê-los. Continue a descobrir o que significa amar as pessoas, independentemente da maneira como elas tratam você. Esta é uma forma de encarar o sofrimento que nos trará liberdade e paz, e através da qual seremos diariamente transformados.

Dia 10

Sim, Papai

Pois os meus pensamentos não são os pensamentos de vocês, nem os seus caminhos são os meus caminhos. (Isaías 55.8)

Nenhum de nós é inteligente ou extraordinário demais para não precisar do auxílio de Deus. Todos precisamos de ajuda. Eu preciso de ajuda! Quero ajudar um mundo moribundo, mas não consigo fazer sozinha. Para isso, necessito conhecer os planos divinos e seguir o Seu caminho. Esvaziar-me para que Ele possa me encher. Preciso dizer: "Aqui está a minha vida, Pai. Deixe-me colocar os Seus pensamentos na minha cabeça. Permita-me ser tão cheio por Seu Espírito que até a minha mente seja capturada pelo Senhor".

Em 14 de março de 1976, conheci Jesus. Eu estava tão desesperada por Deus que simplesmente disse: "Leve-me, encha-me, use-me". E em todos os anos que se seguiram, voltei a essa mesma compreensão inúmeras vezes: não posso fazer nada em nome do Senhor sozinha. Quando cheguei a Moçambique, fiz a mesma oração. Desde então, várias vezes por dia, eu me prostro diante de Deus e peço Sua ajuda. E Ele vem de formas magníficas.

A própria Bíblia afirma essa verdade. Em Mateus 19.26, lemos: "Jesus olhou para eles e respondeu: 'Para o homem é impossível, mas para Deus todas as coisas são possíveis'". Como eu poderia alcançar os perdidos ou cuidar de milhares de crianças sem a ajuda d'Ele? Apenas distribuir um panfleto cristão e dizer: "Querida, leia isto!" não resultaria em nada. Precisava e ainda preciso das ideias de Deus e das Suas estratégias únicas.

Sendo assim, eu te encorajo a experimentar isso você mesmo. Ore por ajuda, ore por respostas. Como chego aos perdidos em minha cidade? Como ajudo os sem-teto? Sem Deus, todos os nossos esforços são em vão. Mas com Ele, uma cidade inteira pode ser alcançada. E tudo que é preciso é uma pessoa que diga humildemente: "Leve-me, encha-me, use-me". Peça ao Senhor para inundá-lo com o Seu amor, o tipo de amor que o obriga a entregar-se por completo todos os dias.

Ore isso comigo agora: "Leve-me, encha-me, use-me. Faça o que quiser de mim". E quando Deus Se oferecer para ajudar, o que Ele sempre fará, basta dizer: "Sim, Papai!".

Dia 11

Respire fundo

[...] e conhecer o amor de Cristo que excede todo conhecimento, para que vocês sejam cheios de toda a plenitude de Deus. (Efésios 3.19)

Um dia, eu estava deitada diante do Senhor e ouvi Sua voz claramente. Ele disse: "O rio corre nos lugares baixos". Em outras palavras, para ser coberto pelo rio do Seu poder e amor, você precisa chegar o mais baixo possível. É necessário prender a respiração e mergulhar. Então, quando estiver submerso, expire. Entregue-se. Dê tudo a Ele. Esqueça tudo e confie no Senhor. Ele o carregará em Suas maravilhosas correntes e o lançará em Suas ondas. E o melhor de tudo é que não há limites. A medida de "toda a plenitude" significa apenas isso: é um fluxo sem fim. Você pode ter o tanto de Deus que quiser. Não é demais?

Porém, e se a ideia de esquecer tudo o assustar? E se você achar que desistir de tudo por Deus faz de você uma espécie de capacho ou um fantoche? Veja

João 10.10, versículo em que Jesus disse: "[...] eu vim para que tenham vida, e a tenham plenamente". "Vida ao máximo" é uma promessa maravilhosa, não é? No entanto, ela vem através da nossa total rendição àquele que nos ama verdadeiramente. Veja o exemplo de Cristo. Ele é o Rei da glória, mas, por amor a nós, nasceu aqui nesta Terra, nu, como um bebê. Rendeu-se totalmente ao Pai e agora está nos pedindo para fazermos o mesmo. Mas não conseguimos com as nossas próprias forças. E é exatamente por isso que temos o Espírito Santo. Ele nos ensina, nos guia, nos enche e ajuda de todas as formas.

Diante disso, repita comigo: "Encha-me, Espírito Santo. Leve-me para o rio profundo do Seu amor". Agora, apenas ceda. Experimente. Entre no rio e mergulhe. Renda-se a Deus. Você se impressionará ao descobrir o que Ele pode fazer com a sua pequena vida!

Dia 12

Arrume um barco

[...] não mostrará fraqueza nem se deixará ferir, até que estabeleça a justiça na terra. Em sua lei as ilhas porão sua esperança. (Isaías 42.4)

Quando eu estava em Moçambique, queria chegar a uma tribo chamada Macau. A localização era longe e todos os missionários com quem falei me disseram que eu não conseguiria. Contaram que haviam tentado e falhado, e fizeram questão de que eu soubesse todas as razões pelas quais era impossível. Mas, veja bem, você pode fazer qualquer coisa se Deus lhe pedir para fazer. Se estiver cheio o bastante d'Ele e se diminuir o suficiente de si mesmo, poderá realizar tudo, pois é pelo poder do Senhor, não pelo seu.

Então, apesar de todas as dificuldades, nós partimos. O Rolland nos levou até o local onde aquela tribo ficava. Durante o trajeto, eu lhe disse: "Voe baixo. Muito, muito baixo". Nós descemos tanto que eu podia sentir a água espirrar nos meus dedos e comecei a olhar para todas as aldeias no caminho. Notei que não havia estradas, nem pista de pouso – eram apenas pequenas tribos ao longo do oceano. Nesse momento, eu disse a Deus: "Como é que eu chego lá? O que devo fazer?". Eu estava chorando, porque sabia o quanto Jesus amava aquelas pessoas. E Deus disse: "Arrume um barco".

Você pode pensar que seria fácil, mas não foi. No início, peguei um caiaque, porém não consegui chegar às aldeias porque era muito difícil remar, e fiquei muito cansada. Depois tentei ir com uma lancha, contudo, os homens que me ajudariam eram ladrões e nunca entregaram o barco. Liguei para todas as pessoas que eu conhecia, tentei de tudo, e nada de conseguir a embarcação. Mas, se Deus havia colocado algo no meu coração, eu precisava concluir. Não se pode desistir no momento em que obedecer se torna difícil. Se você tem uma visão, precisa superar as adversidades e pedir a ajuda do Senhor.

Gálatas 6.9 diz: "E não nos cansemos de fazer o bem, pois no tempo próprio colheremos, se não desanimarmos". Sabendo disso, eu disse a Deus: "Sei que o caiaque não funcionou. A lancha também não. E agora?". Por último, me foi prometido um barco do Canadá, mas disseram que teríamos que pagar um imposto de importação de 70% para levá-lo a Moçambique. Não me importava quanto iria custar, eu queria ver aquelas tribos virem a Jesus, então nós arcamos com as despesas. Eu estava tão cheia do coração de Deus por aquelas pessoas que tive de ir a qualquer preço.

Quando tudo estava combinado, alugamos um caminhão para buscar o barco. Porém, ao atravessarmos a fronteira, um acidente causou uma rachadura no motor. Aí pensei: "Alguém aqui deve ser capaz de consertá-lo!". Mas nada feito. No fim, demorou exatamente dois anos, sete meses e dez dias para conseguirmos uma embarcação que pudesse chegar a Macau. Então, finalmente a pegamos e fomos.

O que Deus pediu para você fazer? O que Ele colocou em seu coração? Pense nisso: se Deus o chamou para falar com alguém ou fazer alguma coisa e, na primeira vez que tentou, cuspiram em você ou cometeram algum abuso, o que fazer? Desistir? Não! Deite-se e deixe o Espírito Santo vir sobre você. Então faça isso de novo, e de novo, e de novo, e de novo... Até que Ele lhe aponte uma solução.

Dia 13

Olhe para frente

E nos revelou o mistério da sua vontade, de acordo com o seu bom propósito que ele estabeleceu em Cristo. (Efésios 1.9)

Você sabia que Deus tem um plano para a sua vida? Ciente disso, quer que a vontade d'Ele de realize em você? Se sim, você deve olhar somente para frente, e não para trás. Efésios 1.5 diz: "Em amor nos predestinou para sermos adotados como filhos, por meio de Jesus Cristo, conforme o bom propósito da sua vontade". Você pode ter 100% de confiança de que o Deus vivo quer falar com você e guiá-lo no mistério da Sua vontade. E a maneira como Ele nos conduz é colocando o Seu coração em nós – Seu Espírito sussurrando ao nosso espírito.

Essa é a nossa bússola. É o que devemos seguir, apesar das circunstâncias. Temos de apenas fazer o que Ele diz! Não deixar a bússola quebrar. Não sair da pista. O que quer que sejamos, cirurgiões, professores, jardineiros ou motoristas de ônibus, precisamos mantê-lO na frente e no centro de nossas vidas, submetendo todos os nossos pensamentos e ações a Ele.

Sendo assim, peça por sabedoria, e quando Deus falar, faça o que Ele disser! Não fique preso em um lugar só porque é confortável. Nunca dê desculpas ao Senhor, justificando por que algo não irá funcionar ou por que Ele não deve mover você. A maior alegria é estar na vontade de Deus! Por isso, não se preocupe se você achar que não consegue fazer o que Ele pede. Deus, muitas vezes, coloca ideias e chamados dentro de nós que não fazem sentido nenhum em nosso entendimento natural. Porém, eu tenho um ditado: "eu não posso, mas Você pode, por isso, nós vamos".

Hoje é o dia! Assuma sua verdadeira identidade. Entre no seu destino, porque ele é magnífico. O Senhor pegará a sua mão e o ajudará a perceber quem você realmente é. Você consegue! Você é uma nova criatura, liberta pelo sangue do Cordeiro. Pare de olhar para trás no espelho retrovisor – tudo o que você fez no passado se foi. O que quer que tenha cometido, uma vez que se arrependeu, está cancelado! Pecado sexual, roubo, brigas e até mesmo homicídio. Você pode até pensar que a marreta do Céu está caindo sobre a sua cabeça, mas, sabe o que, de fato, ela está atingindo? O seu espelho retrovisor! "Portanto, se alguém está em Cristo, é nova criação. As coisas antigas já passaram; eis que surgiram coisas novas!" (2 Coríntios 5.17).

Aproveite este momento para olhar para frente. Deus está lhe dando força para fazer isso. Creia que o sangue de Jesus é realmente o que a Bíblia diz que é, e siga a bússola até a sua verdadeira identidade e chamado.

Dia 14

Confiança

Chamando uma criança, colocou-a no meio deles, e disse: "Eu asseguro que, a não ser que vocês se convertam e se tornem como crianças, jamais entrarão no Reino dos céus. Portanto, quem se faz humilde como esta criança, este é o maior no Reino dos céus". (Mateus 18.2-4)

Se você tem filhos, afilhados ou amigos que têm crianças, então você é abençoado com pequenos professores. Os pequeninos à nossa volta podem nos ensinar muito sobre o Reino de Deus. Isso, porque se realmente queremos que esse Reino venha sobre as nossas vidas, devemos nos tornar como crianças – totalmente dependentes do Pai. Alcançaremos coisas de valor eterno quando segurarmos a mão do Papai e dissermos: "Não posso fazer isso a menos que Você faça por mim. Ajude-me! Guie-me!".

O que significa ser como criança? Isso quer dizer que não temos de nos preocupar, nem precisamos analisar tudo. Algumas pessoas querem razões para tudo, algum tipo de prova antes de fazer qualquer coisa. As crianças não são assim. Elas só se divertem, não ficam sentadas, quebrando a cabeça, tentando decidir se devem ou não brincar no quintal, ou o que convém dizer ao amigo ao seu lado. Elas seguem o fluxo!

Filipenses 4.6 diz: "Não andem ansiosos por coisa alguma [...]". Este é um ensinamento radical de Paulo. Em outras palavras, no Reino, não é permitido se preocupar. Experimente. Não se preocupe com nada. É difícil fazer as coisas por conta própria, mas quando você confia em Deus, como uma criança faria com seus pais, fica muito mais fácil. O versículo seguinte continua dizendo que, se não andarmos ansiosos, e em todas as circunstâncias e situações, fizermos os nossos pedidos conhecidos ao Senhor, então a paz de Deus (aquela que tranquiliza o coração) que excede todo o entendimento, será nossa (ver Filipenses 4.7).

Não é maravilhoso? Então, o que nos impede? Nós mesmos! Com toda a nossa teologia e crenças religiosas, tornamos Deus tão complexo que pensamos que ninguém pode compreendê-lO ou se aproximar d'Ele. Assim, em vez de de vê-lO como um Pai amoroso, frequentemente O retratamos como um Deus assustador e inacessível, com doutrinas estritas que precisam ser seguidas mesmo sem ser compreendidas. Isso não é verdade.

Pensamos que podemos agradar ao Senhor pelo que podemos fazer por Ele. Mas deixe-me dizer algo a você: há duas maneiras de parar qualquer movimento do Espírito. A primeira é ficar sério demais. E a segunda é se organizar demais. Tentar adivinhar o que Deus pensa e transformar o que Ele faz em uma fórmula foi o que parou todas as ondas de avivamento ao longo da História.

Hoje em dia, a Igreja tem sessenta e sete manuais sobre como fazer uma divulgação, e noventa e quatro sobre como orar pelas pessoas após uma reunião. Fomos nós que inventamos todas as regras. Transformamos a vida cristã em uma receita, um procedimento. Mas, assim como uma criança pequena que acredita ser mais inteligente que seus pais, no momento em que pensamos saber o que estamos fazendo, é aí que nos perdemos.

Portanto, esse trecho das Escrituras deve ser a nossa referência: "Confie no Senhor de todo o seu coração e não se apoie em seu próprio entendimento" (Provérbios 3.5). Precisamos nos humilhar e escolher simplesmente depender de Deus, nosso Papai. Ele nos mostrará o que fazer, e nos ensinará como. O Senhor está no controle e nosso trabalho é simplesmente amá-lO e fazer o que Ele diz.

Dia 15

Espere o inesperado

Em seu coração o homem planeja o seu caminho, mas o Senhor determina os seus passos. (Provérbios 16.9)

Quando eu tinha vinte e poucos anos, senti que meu chamado era pregar para as multidões, então Rolland e eu fomos para a Ásia. Nós falávamos para milhares de pessoas todas as noites, e eu amava fazer isso. Eu dançava, atuava e pregava. Foi emocionante, e muitos vieram ao Senhor. Então, um dia, de repente, ouvi uma voz dizendo: "Parem!". Imediatamente, repreendi. "Eu repreendo você, Satanás, em nome de Jesus!", gritei. A voz voltou a falar: "Parem!". E eu disse novamente: "Não! Eu repreendo você, Satanás!". Depois, uma terceira vez, ouvi a voz dizer: "Parem!"

Foi quando percebi que, na verdade, era Jesus falando comigo. Fiquei tão chateada comigo mesma! Comecei a pedir desculpas e também a Lhe contar sobre todas as pessoas que eu estava trazendo para o Seu reino. Mas Ele me disse: "Você não sabe nada sobre o meu Reino. Quero que se sente com os pobres". Isso foi inesperado!

Assim, deixamos os grandes eventos de pregação e fomos procurar a pior favela na pior região, e nos mudamos para lá. Não havia eletricidade, nem iluminação. Tivemos que subir escadas escuras e cheias de fumaça, passar por pessoas em situação de criminalidade e prostituição. Todos os dias, eu saía e me sentava na esquina da rua com os pobres, e eles tornaram-se meus professores. Fiz isso por dezoito anos, e eles me ensinaram muito sobre o Reino de Deus. Como? Essas pessoas estavam sempre desesperadas. Não conseguiam pensar em um plano para consertar suas vidas, e sabiam que precisavam de ajuda.

Então Deus disse outra coisa inesperada: "O Reino pertence às crianças. Quero que você leve todas elas para casa". Fiquei chocada. "Deus, eu não sei lidar com crianças!", respondi. Nunca tinha dado aula em escola dominical, nem liderado uma reunião infantil. "Não sou a pessoa certa para este trabalho!", protestei. Mas Jesus respondeu: "Agora você é. Leve as crianças para casa, porque elas irão lhe ensinar sobre o Reino de Deus".

Logo, eu fiz conforme Ele pediu. Sabe o que mais? As crianças se tornaram minhas professoras. E foi justamente por causa do que aprendi com os pobres e os pequeninos que o Reino de Deus começou a romper de maneiras que eu nunca tinha experimentado na minha vida. Isso não é incrível?

Diante disso, reflita: o que Deus lhe pediu para fazer que você está resistindo? O que o impede de render-se totalmente a Ele? É o medo do desconhecido ou a falta de vontade de sair zona de conforto? Você sabia que o poder do Senhor é aperfeiçoado na sua fraqueza? Entende que Ele anseia por lhe ajudar? Isaías 41.10 nos ordena: "Por isso não tema, pois estou com você; não tenha medo, pois sou o seu Deus. Eu o fortalecerei e o ajudarei; eu o segurarei com a minha mão direita vitoriosa".

Agora, ore comigo. "Vem sobre mim, Espírito Santo. Me ajude! Eu não tenho o amor, nem sequer a capacidade ou a habilidade para fazer as coisas que está me pedindo para fazer. Mas Você sabe. Confio em Ti, Senhor".

Dia 16

Esteja presente

O Senhor está perto de todos os que o invocam, de todos os que o invocam com sinceridade. (Salmos 145.18)

Quando vivemos no lugar secreto, escondidos próximo ao coração palpitante de Deus, estamos prontos para qualquer coisa. É como se fôssemos velocistas esperando na linha de partida. Nada nos incomoda ou derruba, nada é impossível, porque estamos conectados com Ele. Quando O adoramos, abrimos nossas emoções e mentes para o Seu Espírito, e há uma troca entre o Seu coração e o nosso, Seus pensamentos e os nossos. Ele nos guia, nos dá ideias e nos mostra coisas que nunca haviam passado pela nossa cabeça. Mas, para isso, temos que estar presentes de corpo e alma.

Algumas pessoas lutam para se manterem focadas no momento de adoração. Elas pensam: "Nossa, já passou quase uma hora e ainda não tivemos nenhuma pregação". As suas mentes vagueiam pensando no que irão comer mais tarde. Ou que precisam encontrar fulano de tal na saída. Acabam concluindo: "estamos perdendo tempo aqui". E o fato é que elas têm razão. Se não estivermos conectados com Deus, esse momento é uma completa perda de tempo.

Adoração é algo que fazemos com os nossos corações e vidas, não se trata apenas de canções que cantamos. O Espírito Santo sabe quando estamos distraídos ou aborrecidos. Ele não é tolo. Mesmo que nos encontremos com os olhos fechados, braços levantados, cantando os louvores, Ele sabe onde estão os nossos corações.

Deus nos quer e nos ama. Além disso, deseja revigorar e encher nossos corações e mentes com segredos que só Ele sabe. O Senhor anseia por nos dizer palavras surpreendentes, revelar respostas a problemas, e nos dar estratégias celestiais que canalizarão nossas vidas, todos os dias, para a Sua glória. Mas Ele não fará isso se nós não estivermos integralmente presentes ali, se não pararmos sequer para ouvi-lO, se ficarmos apenas brincando na igreja em vez de apresentarmos um coração realmente faminto e sedento por Ele.

Por isso, exalte-O em adoração. Louve-O com canções que fluem do Espírito Santo. Mesmo que você esteja exausto, ao se conectar com Deus, uma energia sobrenatural elevará seu espírito. Se você está perturbado, doente ou deprimido, o Pai irá consolá-lo e ajudá-lo. Descanse a cabeça em Seu peito, e ouça as batidas do Seu coração.

Tiago 4.8a diz: "Aproximem-se de Deus, e ele se aproximará de vocês!". No meio de tudo, de todas as circunstâncias, quando nos aproximamos d'Ele, plenamente presentes, Ele nos encontra.

Dia 17

Deus não é o Papai Noel

"Você acredita mesmo que pode pedir a Deus qualquer coisa e Ele lhe dará? Deus não é o Papai Noel, não é mesmo?". Uma vez, um teólogo me disse isso quando eu estava estudando em Oxford, e me lembrei dessas palavras ao pensar sobre a história que contarei a seguir.

Já vi muitos milagres ocorrerem no meu trabalho como missionária. Eu tenho experimentado a maior parte dos acontecimentos descritos no Novo Testamento, e vi até mesmo mortos ressuscitarem! É muito empolgante. Por causa disso, pensei que tinha uma boa compreensão do sobrenatural. Até o dia em que Deus me sacudiu e mostrou que eu O tinha feito pequeno aos meus próprios olhos. Eu havia colocado o Senhor numa caixa e decidido o que Ele podia ou não fazer, de acordo com as minhas próprias expectativas e experiências.

Para exemplificar melhor, contarei a vez em que eu estava em Zimpeto, Moçambique, e era Natal. Eu amo o Natal! Amo dar presentes e celebrar. Então, fizemos os preparativos e convidamos todos: os pobres, os aleijados, os cegos, as prostitutas e as crianças de rua. Na festa, havia uma fila de meninas à espera de um presente, e eu disse a uma delas: "O que você quer, querida?". Não nos restava quase nada, mas eu queria dar um presente para cada pessoa. A menina olhou para cima e disse: "Quero miçangas". A que estava atrás dela repetiu: "Eu também quero miçangas", e a que vinha depois desta outra pediu a mesma coisa. Miçangas? Não tínhamos miçangas!

Diante dessa situação, a senhora que estava ao meu lado gritou: "Há cães de pelúcia no saco". "Há o quê?", eu perguntei. "Cães de pelúcia, no saco", ela respondeu. Percebi que ela estava se referindo a brinquedos de pelúcia velhos e sujos que estavam em um saco de lixo. Olhei para trás, onde a menina estava, e ela sussurou: "Quero miçangas". Bem, não tínhamos miçangas. Foi um daqueles momentos em que o coração e o cérebro lutam um contra o outro. A minha cabeça queria dizer: "Desculpa, vou comprar miçangas amanhã, mas agora nos restam apenas cães de pelúcia". Mas o meu coração entendia quem Deus é e conhecia Seu coração, sabia que Ele nos ama e quer nos dar mais do que podemos esperar ou imaginar. O Senhor não está aqui para nos dar "cães de pelúcia sujos em um saco de lixo". Ele não nos oferece sobras. Mas nos entrega tudo de Si. Então, eu disse à senhora: "Elas não querem aqueles cães, querem miçangas".

Olhei nos olhos da criança e, de repente, a senhora abriu aquele saco e tirou miçangas de dentro dele. Aleluia! Isso me deixou de boca aberta. Até ali, eu não tinha percebido que havia encaixado Deus em uma fórmula. No entanto, descobri que, na verdade, O coloquei em uma caixa muito grande, mas que, ainda assim, era uma caixa.

Agora é a sua vez. Estenda a sua mão e olhe para ela. O que você acha que é mais complicado de fazer? Miçangas ou a sua mão? Você foi feito à imagem de Deus, e é precioso para Ele. Se o Senhor pode lidar com miçangas, você não acredita que Ele pode curar sua doença? Guiá-lo? Prover em sua vida? Será que você não esmagou Deus em uma caixa pequena, para atender às suas expectativas? Não faça isso! "Pois nada é impossível para Deus" (Lucas 1.37). Aquele teólogo tinha razão, Deus não é o Papai Noel. Ele é muito, muito melhor!

Dia 18

Bela misericórdia

Então disse Jesus: "Deixem vir a mim as crianças e não as impeçam; pois o Reino dos céus pertence aos que são semelhantes a elas". (Mateus 19.14)

Por ser missionária e estudante, eu tenho me sentado e conversado com alguns dos teólogos mais famosos do planeta. Aprecio a compreensão da Palavra de Deus que eles têm, a disciplina e o seu intelecto. Mas quer saber? As minhas maiores lições eu aprendi com as crianças e os pobres. Eu os chamo de meus heróis. Jesus disse, em Mateus 5.3: "Bem-aventurados os pobres em espírito, pois deles é o Reino dos céus".

Ao longo dos meus anos em Moçambique, encontrei tantas crianças pequenas que passaram por inúmeras coisas, mas ainda assim refletiam a graça de Jesus de forma incrivelmente maravilhosa. Uma menina em particular – vou chamá-la de Sara – me ensinou sobre vida, amor, perdão e misericórdia. Sua mãe era uma prostituta, e ela tinha uma irmã também chamada Sara (o pai das meninas não era o mesmo, mas ambas receberam o nome igual pela mãe). Quando a conheci, Sara era uma imagem de luto. Ela estava completamente infeliz. Eu a encontrei no meio de um monte de lixo, morrendo de fome, e a resgatei. Mas ela costumava cuspir, morder, me bater, arremessar coisas e roubar.

Diante desse quadro, até seria razoável se você perguntasse: "como essa garota poderia lhe ensinar alguma coisa sobre o Reino de Deus?". Ela fez isso ao me permitir ver sua transformação quando finalmente conseguiu apoderar-se do amor. Tudo mudou. Essa menina havia sido abusada e maltratada por toda a sua vida, estava cheia de escuridão. Mas quando a luz de Deus entrou em seu coração, ela começou a derramar beleza e misericórdia para todos ao seu redor. Surpreendentemente, sempre que eu estava triste, cansada, ou desanimada, ela enrolava os seus pequenos braços à minha volta e me dava conforto! Ela se tornou um conforto.

Jesus disse: "Bem-aventurados os que choram, pois serão consolados" (Mateus 5.4). É assim que funciona! O Reino de Deus se parece com você quando está totalmente rendido, assumindo as características de uma criança que se entrega totalmente a Ele; ou quando você depende por completo d'Aquele que é 100% confiável. Somente dessa forma, você pode levar a beleza do Mestre a alguém que está perdido, com dor ou em luto.

Eu aprendi com Sara que, se você permitir que Deus o mova do seu lugar de luto para o local do Seu conforto, se tornará um consolador para os outros também. Recentemente, eu a observei enquanto ela estava de pé na traseira de um caminhão, cercada por uma multidão agressiva que lhe atirava pedras. Ela ficou ali parada e gritou: "Não tenho medo de vocês! Eu sei quem eu sou. Jesus ama você. Eu vivia à beira da morte, mas agora estou viva!".

Essa menina estava cheia do poder de Deus e pregava para as pessoas que tentavam lhe ferir. E sabe o que foi mais impressionante? A multidão ouviu. Deixe o exemplo dela ensinar e encorajar você também. Renda-se a Deus e permita que o Seu amor o transforme. Você se tornará um mensageiro de esperança, um portador de conforto, que leva a presença do Deus poderoso ao triste e ao perdido.

Dia 19

Um amor que nunca morre

O amigo ama em todos os momentos. (Provérbios 17.17a)

Quantos de nós não estamos sofrendo por causa de relacionamentos rompidos? Algumas vezes, isso acontece em nossas famílias, ou entre amigos, irmãos da igreja e colegas de trabalho. Mas a verdade é que problemas em relacionamentos geram uma dor de partir o coração. Chegamos a sentir uma angústia emocional profunda que pode até nos levar a uma doença física. Provérbios 17.22 diz: "O coração bem disposto é remédio eficiente, mas o espírito oprimido resseca os ossos".

Enfrentamos muitas crises no Iris Global, mas um número surpreendente delas está enraizado no fato de que existem pessoas que simplesmente não se amam. Isso é difícil de entender, não é mesmo? Mas há aqueles que não são gentis ou simpáticos uns com os outros. Muitos correm ao altar para receber cura, ou quando estão desesperados por dinheiro ou por um emprego.

Mas quem se apressa para tornar-se mais bondoso? Para parar de fofocar e deixar de guardar rancor? Ou até mesmo para pedir por um amor mais profundo pelo outro?

No entanto, a Bíblia diz, em João 13.34: "Um novo mandamento lhes dou: Amem-se uns aos outros. Como eu os amei, vocês devem amar-se uns aos outros". Isso não é uma sugestão. E como podemos nos tornar mais amorosos? Não é simplesmente orando a Jesus. Conheço pessoas que conversaram com Ele por toda a vida, mas estão podres. O segredo é fazer exatamente o que a Bíblia diz. Mateus 11.28-30 nos ensina: "Venham a mim, todos os que estão cansados e sobrecarregados, e eu lhes darei descanso. Tomem sobre vocês o meu jugo e aprendam de mim, pois sou manso e humilde de coração, e vocês encontrarão descanso para as suas almas. Pois o meu jugo é suave e o meu fardo é leve".

Jesus nos pede para simplesmente irmos até Ele, do jeito que estamos. E se permitirmos, Ele irá nos lavar e nos encher com a Sua presença. Assim, à medida que nos aprofundamos no amor de Deus, nos tornamos menores e Jesus cresce dentro de nós. Onde o Espírito Santo habita, não há espaço para orgulho, ofensa ou ódio. Só há lugar para "[...] amor, alegria, paz, paciência, amabilidade, bondade, fidelidade, mansidão e domínio próprio [...]" (Gálatas 5.22-23). É o Seu amor que nos transforma, o Seu coração que bate dentro de nós. "Nós amamos porque ele nos amou primeiro" (1 João 4.19).

O amor é a resposta. Busque a Sua presença e abra seu coração para Ele. Não se trata de fazer com que o poder de Deus funcione para você. Mas quando você se entregar ao Senhor e aos Seus caminhos, verá mudanças sobrenaturais ocorrerem conforme o Seu amor flui através de você. É maravilhoso! E o melhor de tudo: você também terá paz. "Tudo o que vocês aprenderam, receberam, ouviram e viram em mim, ponham--no em prática. E o Deus da paz estará com vocês" (Filipenses 4.9).

Dia 20

Promessas

Vocês não me escolheram, mas eu os escolhi para irem e darem fruto, fruto que permaneça, a fim de que o Pai lhes conceda o que pedirem em meu nome. (João 15.16)

Você tem promessas de Deus? Todas elas aconteceram? As minhas não. Há algumas que tenho esperado há mais de trinta anos. Eu penso comigo mesma: "Como posso estar 'grávida' dos planos divinos há tanto tempo? É tão desconfortável!". Mas só Deus sabe o que Ele está fazendo. O Senhor sabe exatamente quando cumprir as Suas promessas. Mas para que isso aconteça, há algumas condições.

Deus nos chamou para sermos férteis, e a fertilidade é gerada através da intimidade. Precisamos nos render a Deus, nos encher do Seu Espírito, e ouvir o Seu coração. Veja a incrível história contada em Lucas, capítulo 1: "No sexto mês Deus enviou o anjo Gabriel a Nazaré, cidade da Galileia, a uma virgem prometida em casamento a certo homem chamado José, descendente de Davi. O nome da virgem era Maria. O anjo, aproximando-se dela, disse: 'Alegre-se, agraciada! O Senhor está com você!' Maria ficou perturbada com essas palavras [...]" (Lucas 1.26-29).

Olhe para Maria. Ela ainda não havia se casado, e tinha aproximadamente catorze anos. Além disso, precisava dizer aos seus pais que viu um anjo e estava grávida! Quem não ficaria incomodado? Será que iriam acreditar nela? Eu recebi algumas promessas mirabolantes de Deus, mas essa supera a todas. No entanto, apesar das circunstâncias e do alto preço que isso lhe custaria, Maria aceitou o desafio. E assim, o maravilhoso plano divino foi cumprido.

Assim como na história de Maria, Deus colocou promessas em seu coração. Não há uma única pessoa lendo isto que não tenha recebido uma promessa. Ou alguém que não tenha sido predestinado à fertilidade. Em João 15, a Palavra afirma que quem estiver ligado à Videira, ou seja, aquele que estiver plenamente conectado a Jesus, terá uma fertilidade sobrenatural.

Muitas vezes, as coisas que Deus fala para você são bizarras. Pode ser algo que você não entende. Mas é isso que faz delas promessas divinas. Se você conseguisse produzi-las sozinho, com o seu próprio esforço, eu teria de dizer que provavelmente não são promessas sobrenaturais de Deus para sua vida, de forma alguma.

Sendo assim, aquilo que o Senhor lhe prometeu ainda não aconteceu? Será que parece difícil demais para se tornar realidade? Ou será que a espera parece muito longa? Não desista! Deus quer que você leve Suas promessas a "mandato completo". Ele está pedindo que você venha a esse lugar de intimidade com Ele, Seu lugar secreto, onde o Espírito pode ajudar e guiar você. Renda-se Àquele que é completamente belo e veja o que acontecerá a partir desse momento.

Dia 21

Escondido

Ó Senhor dos Exércitos, como é feliz aquele que em ti confia! (Salmos 84.12)

A história de Maria é insana. Ela não apenas estava grávida um bebê, mas dela nasceria o Filho de Deus, Aquele que reinaria para todo o sempre. Maria estava completamente despreparada para isso. As pessoas costumam me perguntar: "Por que você não faz um plano, algo que possa administrar? Contrate uma equipe, treine-os bem. E antes de fazer alguma coisa, estabeleça um orçamento e arrecade o dinheiro necessário para apoiar a sua visão". Isso soa bem, mas, se tivermos tudo planejado, que espaço haverá para a dependência total do nosso Deus Pai? Que lugar daremos para uma intervenção milagrosa e sobrenatural que traz glória a Jesus?

Há vinte e sete anos atrás, fomos para a Indonésia apenas com a passagem de ida e trinta dólares no bolso. Obviamente as pessoas disseram: "Vocês não podem fazer isso!". Logo nosso dinheiro acabou e foi difícil lidar com a falta dele. Mas eu sei que, se tivéssemos esperado até conseguirmos ter tudo bem planejado e todos os recursos necessários, nunca teríamos ido a lugar algum! Ainda estaríamos sentados, aguardando alguma coisa acontecer. Em vez disso, entendemos que, quando você tem intimidade com Deus, e está totalmente rendido a Ele, o Senhor pode fazer qualquer coisa através daqueles que carregam o Seu amor.

Pense em Maria. Temos muitas crianças ao nosso redor o tempo todo. Se alguém viesse me contar uma história sobre um anjo que apareceu e disse que uma delas teria um bebê, eu pensaria: "Ah, claro, conta outra!". Deus não facilitou as coisas para a mãe do Salvador. Ele não disse: "A maneira lógica de fazer isso é: você se casa primeiro, vamos planejar uma cerimônia e dar uma festa. Então você poderá engravidar e ter o bebê. Será mais seguro desta forma". Não, com certeza, Ele não fez isso. O que o Senhor pediu a Maria era perigoso e iria lhe custar caro. Ela poderia ter sido ridicularizada ou, pior ainda, expulsa de casa, rejeitada por José e sua família. Mas, mesmo sabendo disso, a jovem se rendeu. Ela disse: "Sim!" para ter a vida completamente tomada e bagunçada por Deus.

Ainda sem entender nada do que estava acontecendo, sua paixão por Deus era tão grande que ela pôde confiar n'Ele de forma simples e radical. A sua única pergunta foi: "Como isso acontecerá?", pois ela era virgem. "O anjo respondeu: 'O Espírito Santo virá sobre você, e o poder do Altíssimo a cobrirá com a sua sombra. Assim, aquele que há de nascer será chamado santo, Filho de Deus'" (Lucas 1.35).

Do mesmo modo, o próprio Senhor quer envolvê-lo. Ele quer ser tão íntimo, tão próximo, tão abundante em você, que tudo o que Deus disser, você terá prazer em fazer. Que a sua oração de hoje seja simples e confiante: "Eu não entendo, mas vá em frente, Senhor, envolva-me". Essas palavras irão levá-lo a uma jornada incrível.

Dia 22

Perseverança

Vocês precisam perseverar, de modo que, quando tiverem feito a vontade de Deus, recebam o que Ele prometeu. (Hebreus 10.36)

O Inimigo sempre tenta matar uma promessa antes que ela seja completa em nossas vidas. Ele fará qualquer coisa para desanimá-lo e levá-lo a desistir. Em razão disso, carregar uma promessa é difícil. Tanto que, talvez você esteja pensando: "Isso é demais para mim. Eu não quero assumir o que estou carregando. Não quero mais. É desconfortável e muito doloroso. Você não espera que eu sustente isso daqui a um ano? Ou dois? Ou cinco anos?".

Talvez você se encontre hoje acumulando promessas que nunca aconteceram. Ou até ouviu de Deus que sinais e maravilhas surgiriam na sua cidade, que você começaria uma igreja, ou veria um mover de cura. Pode ser que Ele tenha dado a você uma visão há dez anos atrás, que começou bem, mas lentamente foi perdendo a força. Será que você não está lendo isso e pensando: "Faz tanto tempo que eu recebo promessas"? Talvez já se encontre cansado e não aguente mais ouvir novas profecias!

Muitas vezes, você é tentado a deixar tudo para trás e ir embora. Anseia por dar um tempo, se afastar um pouco, se recuperar. Mas, se quer ver a frutificação sobrenatural, tem de perseverar. Não importa o quão estranho irá parecer, não desista. Você precisa levar a promessa até o fim. É necessário estar preparado para se manter firme com o que Deus prometeu, independentemente do que as pessoas pensem sobre isso. Nesse processo, você será esticado, bagunçado, refeito, seus limites serão expandidos. Mesmo assim, você continuará esperando, porque vale a pena.

Quando Deus me chamou para cuidar das crianças moribundas que colocava na minha frente todos os dias, Ele me disse: "Tome todos eles, para que a casa do Pai esteja cheia". Eu respondi: "Então, Senhor, isso é maravilhoso e eu vou fazer – nunca direi 'não' a uma criança moribunda. Mas, mas, mas, Senhor... Não é um pouco demais para mim?". Então O ouvi dizendo: "É muito para você. Mas não é demais para Mim". Eu falei: "Não consigo entender como farei isso!". Ele afirmou: "Você não vai entender. Mas colocarei um amor dentro de você que irá crescer, crescer e crescer. E a alegria que está em seu interior lhe dará forças para ir até o fim".

Por isso, hoje, cada vez que chego a um lugar novo e Deus me desafia a ter mais filhos, eu digo: "Mas... Mas... Mas... Mas... Sim!". Contudo, mesmo que o Pai tenha arrancado o "não" de mim, Satanás ainda tenta matar as promessas que carrego. Quando o nosso ministério começou, as pessoas nos ridicularizaram, nossa família e amigos não entendiam. Os jornais nos chamavam de tudo: contrabandistas de crianças, vendedores de órgãos, traficantes de drogas, contrarrevolucionários, líderes de seita... Fomos rotulados de tudo que se possa imaginar. Fui presa duas vezes, e mantida em prisão domiciliar.

Ainda hoje, pouca coisa mudou. Sempre que avançamos, acontece algo para nos fazer desistir. O Inimigo está constantemente tentando cortar o cordão umbilical da promessa crescente. Mas o Senhor nos pede para perseverarmos, para levarmos até o fim.

Em português, um dos sentidos da palavra "nascimento" é: dar à luz. E isso, em sua essência, quer dizer "trazer luz". É uma bela imagem. Hoje mesmo Deus diz a você: "Não desista antes de dar à luz. Não desista! Espere e traga a luz da promessa que lhe dei para um mundo moribundo".

Dia 23

Brilho

Bendito seja o Deus e Pai de nosso Senhor Jesus Cristo, que nos abençoou com todas as bênçãos espirituais nas regiões celestiais em Cristo. (Efésios 1.3)

O versículo acima confirma que Deus nos abençoou. Ele já abençoou você. O Senhor não está esperando você receber uma nova unção, muito menos irá fazer isso somente se você orar o suficiente. Deus já lhe deu todas as bênçãos espirituais. Uau! Se você simplesmente acreditar nisso, não apenas com o seu cérebro, mas com o coração, começará a viver de uma maneira totalmente diferente.

Mesmo que você se levante todos os dias e faça coisas normais, como escovar os dentes, lavar o rosto e trabalhar, não muda o fato de que você não é chamado para viver neste reino natural. A sua vida foi transferida para outra dimensão! Na verdade, você está vivendo em regiões celestiais com Cristo, e tudo o que tem vem de Jesus.

Um dia, eu estava pregando em uma conferência e, depois que terminou, corri para pegar um avião. Eu estava absolutamente exausta, mas, para minha alegria, descobri que tinha sido promovida para a primeira classe. Era o melhor dos melhores lugares, tão incrível! Ganhei um travesseiro e até um pijama! Eu estava tão feliz, realmente radiante, e todas as outras pessoas olhavam para mim estranhamente. Continuei dizendo: "Muito obrigada, isto é maravilhoso. Obrigada, obrigada!". Estava tão entusiasmada.

Finalmente, uma senhora veio até mim e disse: "Quem é você? Todos estão falando a seu respeito. Você é tão diferente". Então respondi: "Eu amo Jesus! Sou ministra do Evangelho". Ela falou: "Nós sabíamos! Você estava brilhando quando entrou no avião e percebemos que tinha algo diferente. Onde você irá pregar? Como podemos chegar lá?". Não precisei impactar aquelas pessoas com palavras. Fiz isso com o meu sorriso. Eu preguei através do olhar.

Como embaixadores de Jesus nesta Terra, devemos ser sacrifícios vivos, cheios até a borda, aqueles que transbordam de Sua bondade, misericórdia, gentileza, mansidão e apreço. E é dessa maneira que precisamos agir com os perdidos, os pobres e os leprosos.

Deus nos tirou deste reino e nos colocou em um outro. Ele nos criou para brilhar. Deste modo, quando você sabe quem é, e o que carrega dentro de si, passa a resplandecer a Sua luz! Não importa se está sentado com um mendigo na rua ou ao lado de um presidente, você trata a todos com o mesmo amor e respeito, que vêm de Deus.

Portanto, certifique-se de entender o que você carrega em seu interior, e faça com que a presença de Cristo brilhe, não importando onde ou com quem você está.

Dia 24

Adotados

Porque Deus nos escolheu nele antes da criação do mundo, para sermos santos e irrepreensíveis em sua presença. Em amor nos predestinou para sermos adotados como filhos, por meio de Jesus Cristo, conforme o bom propósito da sua vontade. (Efésios 1.4-5)

Ao olhar para você, Deus fica empolgado. Ele escolheu cada um de nós, e se alegra em saber que somos Seus. O Pai nos adotou. Por isso, quando entendemos exatamente quem somos, temos acesso a um descanso sobrenatural. Êxodo 33.14b diz: "Eu mesmo o acompanharei e lhe darei descanso". Este repouso não é sobre não fazer nada, mas trata-se da paz que lhe será concedida quando você descobrir que pertence a Ele e é aceito.

No entanto, muitos de nós não caminhamos nesta paz e descanso sobrenaturais. Lutamos com a nossa identidade e continuamos a agir como se fôssemos órfãos. Sei, por experiência própria, que os órfãos têm uma mentalidade completamente diferente! Preocupam-se o tempo todo em ser amados. Eles acham que têm de lutar por favor e atenção. Costumam sentir-se esquecidos, e então, batalham por uma posição ou para serem vistos. Pessoas assim destroem os outros, são competitivas e críticas.

Mas quando um órfão passa a saber quem ele é em Deus – que é amado – tudo muda. A forma como trata a si mesmo e aos outros torna-se diferente. De repente, suas esperanças e sonhos são capazes de romper e florescer.

Da mesma forma, é vital compreendermos verdadeiramente quem somos em Cristo. Nós somos Seus representantes na Terra e, antes de começarmos a trabalhar para Ele, devemos ter certeza de qual é a nossa identidade. Só assim, seremos capazes de agir sem medo e de maneira espontânea quando Ele nos chamar. Caso contrário, não conseguiremos confiar que Ele está conosco em todas as situações. Não iremos depender do Seu poder. Ficaremos cansados e sobrecarregados, e o que as pessoas verão será um cristão miserável e temeroso, vivendo apenas em um reino natural. Ninguém enxergará a beleza de Cristo e dos Seus caminhos através de nós.

Filipenses 2.5 diz: "Seja a atitude de vocês a mesma de Cristo Jesus". Devemos nos parecer com Ele na forma como falamos, andamos, amamos, operamos milagres e oramos por enfermos. Tudo isso vem da compreensão de quem somos em Cristo. Quanto mais entendermos nossa identidade, mais corajosamente acreditaremos que Deus pode fazer qualquer coisa, com qualquer um.

Portanto, peça ao Aba Pai para que mostre quem você é. Olhe em Seus olhos e saiba que sua vida é d'Ele. Não somos mais órfãos, somos filhos amados e escolhidos. Fomos adotados legalmente, e através de Cristo Jesus temos acesso a cura, sabedoria e provisão, a tudo que o próprio Jesus tem!

Dia 25

Ele conhece você!

Antes de formá-lo no ventre eu o escolhi; antes de você nascer, eu o separei [...]. (Jeremias 1.5)

A maioria das pessoas escolhe algumas coisas em si mesmas, a despeito de outras, que acham que Deus pode usar. E são sempre os seus pontos fortes, seus gostos, suas paixões. Mas o Senhor sabe de todas as coisas, e não desperdiça nada. Gênesis 50.20 diz: "Vocês planejaram o mal contra mim, mas Deus o tornou em bem, para que hoje fosse preservada a vida de muitos".

Quando comecei a trabalhar no ministério, Deus me disse especificamente para ter apenas uma muda de roupas para vestir e uma para lavar, e para comer só o que os pobres comiam. Apesar de ter sido criada em um contexto em que eu sabia comer e me vestir bem, eu estava totalmente feliz em deixar tudo isso de lado e viver entre os necessitados.

Mas Deus conhecia a minha história. Ele também conhecia os meus pais. Sabia que um dia eu teria de me sentar com os presidentes e comer onde havia prata e cristal. Ele tinha total conhecimento de que essas coisas estavam enraizadas dentro de mim: como sentar, comer, falar, como me portar adequadamente. Mesmo tendo deixado todo esse mundo de lado para ir às favelas, eu possuía no meu interior esses costumes que precisaria para o futuro.

Deus sabe quem você é. Só Ele sabe onde você nasceu, conhece a sua cultura. Ele conhece você! Não há nada em sua vida que o Senhor não possa usar para a Sua glória. Paulo escreveu: "Sabemos que Deus age em todas as coisas para o bem daqueles que o amam, dos que foram chamados de acordo com o seu propósito" (Romanos 8.28).

Ele criou a sua personalidade, por isso, não irá empurrá-lo para fazer coisas de que você não gosta. Em vez disso, trabalhará em seu coração para amaciá-lo e torná-lo maleável. Isso, porque há partes de você que Deus conhece e você não! Talvez esteja pensando que é chamado para ser um missionário, mas Ele sabe que você deveria ser gerente de um banco. Ou o contrário. Você pode até questionar: "Será que consigo ir tão longe?". Sim, consegue!

Eu lutei contra Deus quando Ele falou comigo sobre alcançar outras nações e o governo de Moçambique. Respondi-Lhe: "Essa não sou eu. Não é disso que eu gosto. Não é o que eu quero!", então Ele trabalhou em mim para amolecer o meu coração até o momento em que eu disse "sim".

Em consequência, pouco tempo atrás, eu estava me preparando para ir a uma aldeia e orar com os pobres. Iria me sentar com aqueles que estavam doentes e também visitar os meus amigos. Eu amo fazer isso. Quando estava prestes a partir, recebi uma mensagem dizendo que o Ministro da Educação veio à nossa escola e que eu precisava encontrá-lo. A reunião tomou todo o tempo que eu tinha, por isso, não consegui ir à aldeia. Não era o que eu queria, mas fiquei bem em relação ao que aconteceu, até porque sei que a minha vida não é minha.

Quando dizemos a Deus quem somos e o que podemos fazer, deixamos de ser maleáveis em Suas mãos. Desta forma, Ele não poderá nos usar da maneira como quer. Mas se nos rendermos a Ele, tudo convergirá para o nosso bem! Jeremias 29.11 diz: "'Porque sou eu que conheço os planos que tenho para vocês', diz o Senhor, 'planos de fazê-los prosperar e não de lhes causar dano, planos de dar-lhes esperança e um futuro'". Dê a Ele tudo que você tem hoje. Ele sabe quem você é e para que foi feito. Confie no Senhor.

Dia 26

A mente
de Cristo

Peço que o Deus de nosso Senhor Jesus Cristo, o glorioso Pai, lhes dê espírito de sabedoria e revelação, no pleno conhecimento dele. (Efésios 1.17)

Muitos de nós buscamos respostas para diferentes questões em nossas vidas. Uns lutam com pendências e ansiedades que os mantêm acordados à noite. Outros têm problemas que não conseguem resolver. Ao invés de nos preocuparmos com essas coisas, ou tentarmos usar nosso cérebro para descobrir as respostas, precisamos entrar no lugar íntimo com Deus e pedir ao Senhor que fale conosco. Ele nos dará Sua sabedoria, Sua revelação e Seu conhecimento todos os dias. Tiago 1.5 nos diz que: "Se algum de vocês tem falta de sabedoria, peça-a a Deus, que a todos dá livremente, de boa vontade; e lhe será concedida".

Deus é fiel. Quando nos escondemos em Seu lugar secreto, recebemos a Sua sabedoria. A Palavra diz que certamente Ele nos dará, não apenas que há chances de que nos dê. E enquanto a sabedoria nos ajuda a ver as coisas como Deus vê, a revelação mostra o que ainda não sabíamos. Paulo explica, em Efésios 1.22-23, que: "Deus colocou todas as coisas debaixo de seus pés e o designou como cabeça de todas as coisas para a igreja, que é o seu corpo, a plenitude daquele que enche todas as coisas, em toda e qualquer circunstância".

Uma informação como essa é algo que nos surpreende, porque é maravilhoso! Paulo está nos dizendo que Jesus é "a cabeça" e nós somos "o corpo". Cristo é a mente da Igreja, e nos enche d'Ele mesmo, enquanto estamos rendidos. E o apóstolo confirma isso em 1 Coríntios 2.16, ao dizer que, como seguidores de Jesus, "nós temos a mente de Cristo". Isso é incrivelmente poderoso.

Experimente pôr a mão sobre a sua cabeça e dizer: "Eu recebo a mente de Cristo. Eu recebo a sabedoria e a revelação de Jesus. O Senhor é quem me completa, preenche-me de todas as formas. Sim, Senhor!".

Nós somos o Corpo de Jesus. Suas mãos, pés, boca e coração. E Ele quer nos tomar, encher e enviar. E como Igreja de Cristo, cada um de nós deve dizer "sim" ao Seu chamado e esvaziar-nos de nós mesmos, para que, assim, Ele possa fluir através de nós de forma plena e completa. Quanto mais nos entregamos, mais o Espírito Santo pode derramar o Seu amor, sabedoria e revelação.

Ore comigo: "Senhor, eu sou Teu. Quero que Você Se alegre com a minha vida. Quero estar disponível, e fazê-lO sorrir. Estou disposto a ir para qualquer lugar, dizer qualquer coisa, fazer o que for por Ti. Agradeço pela sabedoria, revelação e conhecimento que Você me dá todas as vezes em que peço. Amém".

Dia 27

Você está disposto a morrer?

Vocês são a luz do mundo. Não se pode esconder uma cidade construída sobre um monte. E, também, ninguém acende uma candeia e a coloca debaixo de uma vasilha. Ao contrário, coloca-a no lugar apropriado, e assim ilumina a todos os que estão na casa. Assim brilhe a luz de vocês diante dos homens, para que vejam as suas boas obras e glorifiquem ao Pai de vocês, que está nos céus. (Mateus 5.14-16)

Muitas pessoas são casuais sobre a sua fé. Não têm convicção do pecado, nem arrependimento verdadeiro. Mas Pedro, quando testemunhou o incrível milagre de Jesus, que encheu seu barco com tantos peixes a ponto de começar a afundar, foi dominado pela presença de Deus de tal forma que não conseguia suportar. "Quando Simão Pedro viu isso, prostrou-se aos pés de Jesus e disse: 'Afasta-te de mim, Senhor, porque sou um homem pecador!'" (Lucas 5.8).

A presença poderosa de Deus é tangível, terrível e convincente, mas a Igreja parece tê-la diluído, criado atalhos para o Seu poder e para o Seu poderoso Reino. No entanto, a vida cristã não deve ser algo casual. Estamos numa batalha feroz. O bem contra o mal, os anjos contra os demônios. Esta é uma guerra pela vida ou pela morte. Uma luta pela eternidade. Tudo o que dizemos e fazemos tem consequências eternas e um enorme significado. É isso o que diz a Palavra em Provérbios 1.7a: "O temor do Senhor é o princípio do conhecimento".

Estando no perfeito amor de Deus, onde não há medo, nós só conseguiremos apreciar a salvação e a graça quando houver em nós o temor do Senhor. Porque é nesse momento que perceberemos exatamente do que fomos salvos.

Certa vez, conheci Canon Andrew White, pastor de uma igreja localizada no coração da zona de guerra em Bagdá, Iraque. Lá, ele é chamado de "o vigário de Bagdá". Na sua congregação, há muitas pessoas que costumavam ser terroristas, mas encontraram a Cristo. E inúmeros membros morreram por sua fé em Jesus. Isso, porque, quando as pessoas se convertem de algumas religiões radicais ao cristianismo, elas não estão pensando em todas as conferências de liderança ou eventos de adoração que irão assistir. Sabem que, provavelmente, estão sacrificando esta vida pela próxima. É simples assim. Aceitam Jesus como seu Salvador, acreditam que a Bíblia é a verdade, e apostam suas vidas nisso. Mateus 16.25 diz: "Pois quem quiser salvar a sua vida, a perderá, mas quem perder a sua vida por minha causa, a encontrará".

Na maior parte do mundo, há perseguição ao cristianismo. Em muitos lugares, os cristãos não têm a liberdade que possuem no ocidente. A pergunta para eles é bem simples: "Jesus vale a pena?". A decisão de se entregar a Cristo trata-se de, realmente, desistir das maiores tentações que Satanás pode lançar contra uma pessoa e depositar toda a sua fé em Deus.

O quanto temos demonstrado nossa escolha por Jesus nesta Terra? É visível? Nossas vidas mostram o quanto amamos a Deus e confiamos n'Ele? Ou temos sido casuais quanto à nossa fé? Cada ação e cada palavra devem refletir a nossa escolha. Será que temos feito isso? É um desafio, não é?

Dia 28

Uma colheita poderosa

Venha o teu Reino; seja feita a tua vontade, assim na terra como no céu. (Mateus 6.10)

Vamos pensar sobre o que significa "reino". Um reino precisa ter um rei que o governe. E o que ele propõe, aconteça. Assim é o Reino de Deus aqui na Terra. O Senhor tem um propósito para este mundo e para a nossa vida enquanto estamos aqui. Por isso, como seguidores de Jesus, nos encontramos em um grande confronto entre o bem e o mal, e nunca devemos esquecer isso. E Jó é um bom exemplo dessa luta.

Em Jó 1.9-12, lemos sobre o acusador apontando Jó para Deus. Ele diz: "Ali, ele não ama o Senhor. Está cercado por Suas bênçãos, todos os tipos delas. Então como Você sabe que ele realmente O ama? Como sabe o que, de fato, está no coração dele? Como pode ter certeza de que ele não O aceitou por interesse em dinheiro?".

Depois disso, Jó passou por um momento terrível de provações, mas continuou firme em sua fé. E por que ele permaneceu fiel? Porque estava devidamente enraizado em seu relacionamento com Deus.

É triste o fato de que muitas pessoas desistem do Senhor no momento em que não obtêm as respostas desejadas para suas orações. Ficam com raiva quando não conseguem com que Deus faça suas vontades. Elas resmungam e reclamam por anos, e depois de um tempo, simplesmente se afastam.

A parábola do semeador ilustra bem isso. "O semeador saiu a semear. Enquanto lançava a semente, parte dela caiu à beira do caminho, e as aves vieram e a comeram. Parte dela caiu em terreno pedregoso, onde não havia muita terra; e logo brotou, porque a terra não era profunda. Mas quando saiu o sol, as plantas se queimaram e secaram, porque não tinham raiz. Outra parte caiu entre os espinhos, que cresceram e sufocaram as plantas. Outra ainda caiu em boa terra, deu boa colheita, a cem, sessenta e trinta por um. Aquele que tem ouvidos para ouvir, ouça!" (Mateus 13.3b-9).

Vemos que existem quatro tipos diferentes de sementes espalhadas, mas apenas uma parte delas produz frutos. Ou seja, a qualidade do solo determina a qualidade da colheita – tal como na história de Jó. Amor e devoção a Deus, dedicação de tempo para ouvi-lO no lugar secreto, submissão à Sua vontade, perseverança e rendição. Tudo isso é necessário para formar a "terra boa" em nossas vidas. E é essa terra que estará pronta para receber Sua semente, protegê-la e deixá-la crescer. Um relacionamento como esse com o nosso Deus Pai produzirá uma colheita de amor, alegria, paz, longanimidade, benignidade, bondade, fidelidade, mansidão e domínio próprio. Tudo isso nascerá em nós.

Portanto, vamos esquecer a nossa vontade e nos render aos planos de Deus para nós. Que sejamos sacrifícios vivos pelo Senhor, aqueles que buscam exaltá-lO, ao invés de procurar sermos exaltados por Ele. Plantemos em bom solo, a fim de produzirmos uma colheita poderosa.

Dia 29

Encontrando Deus

Vocês me procurarão e me acharão quando me procurarem de todo o coração. (Jeremias 29.13)

Eu acredito que a Bíblia nos diz para buscar a Deus de todo o nosso coração porque a maioria de nós O procura de forma racional. Nós possuímos uma ideia teológica de quem Ele é, ou um vago sistema de crenças. Talvez até tenhamos participado de um curso que ensina sobre Ele. Mas Jeremias nos diz claramente que não O encontraremos dessa forma. A única maneira de conhecermos a Deus é se tivermos um relacionamento real e vivo com Ele, o que exige diálogo, intimidade e amor. Deuteronômio 6.5 deixa isso bem claro: "Ame o Senhor, o seu Deus, de todo o seu coração, de toda a sua alma e de todas as suas forças".

Eu acredito que a coisa mais importante da vida cristã não seja descobrir como realizar a Grande Comissão e encher as nossas igrejas. A verdadeira questão é: como me relaciono com Deus? Como posso encontrá-lO e me envolver com Ele? Se formos honestos, a maioria de nós não O conhece muito bem. Se O conhecêssemos, saberíamos que Ele é divertido e puro, interessante e emotivo. Ele é mais que um amigo. E está interessado nos detalhes das nossas vidas, está profundamente envolvido no nosso dia a dia. Ele não é um Deus distante, mas um companheiro próximo.

Assim, quando O buscarmos com todo o nosso coração, seremos totalmente limpos por Ele. Desejaremos passar tempo junto com Deus e saber quais são Seus pensamentos. Passaremos, então, a querer fazer o que Ele diz. Não teremos medo de Lhe dar as nossas esperanças e sonhos, nem de entregar-Lhe a responsabilidade por nossas vidas.

Não há limite para o quão perto se pode chegar de Deus. Algumas igrejas agem como se Ele estivesse longe. Fazem orações vagas em tom solene, como se o Senhor estivesse sentado em seu trono no Céu e mal pudesse nos escutar. Mas isso não é verdade. Encontrar Deus, relacionar-se com Ele, viver ao Seu lado são as coisas mais importantes. Você pode ser um monge em um mosteiro e orar por trinta anos, e mesmo assim, mal conhecer a Deus. Você pode ter um sucesso enorme, uma igreja gigante, fazer um trabalho missionário e operar milagres, mas isso tudo não significa nada se não tiver um relacionamento próximo com Aquele que é Amor. 1 Coríntios 13.2 diz: "Ainda que eu tenha o dom de profecia e saiba todos os mistérios e todo o conhecimento, e tenha uma fé capaz de mover montanhas, mas não tiver amor, nada serei".

Não podemos fazer nada sozinhos, apenas através de uma relação poderosa e íntima com Jesus. Todo plano de Satanás é para atrapalhar este relacionamento. Ele se esforça para que fixemos nossas mentes em coisas temporais e terrenas, ao invés de focarmos no que é eterno. O Inimigo nos tenta com o que podemos ver e fazer, com aquilo que queremos, qualquer coisa que nos tire a atenção de Deus. É uma batalha constante, por isso, tenha cuidado. Guarde o seu coração. O Diabo usará qualquer coisa para afastá-lo de Deus, e suas estratégias para fazer isso podem ser sutis.

Somos chamados a viver no reino espiritual. Nós somos seres espirituais plantados em território inimigo. Portanto, devemos buscar a Deus e encontrá-lO. Sejamos determinados em nosso desejo de conhecê-lO plenamente. Isso é o que nos trará alegria e paz, e nos levará a transbordar a ponto de mudar o mundo.

Dia 30

Fogo

João respondeu a todos: "Eu os batizo com água. Mas virá alguém mais poderoso do que eu, tanto que não sou digno nem de desamarrar as correias das suas sandálias. Ele os batizará com o Espírito Santo e com fogo". (Lucas 3.16)

Quantos de vocês gostariam de estar tão entusiasmados com Deus e com o que Ele lhes pede a ponto de serem totalmente felizes? Felizmente felizes? Tão felizes que chegam a explodir de alegria?

A igreja pode ser um lugar estranho, porque você entra, se senta e ouve muitas coisas. Mas quando você está totalmente entregue a Deus e cheio do Seu amor, tem muita vontade de rir e pular, dançar e cantar. Sendo assim, você acredita mesmo que, ao chegar no Céu, irá se sentar em um banco e ficar em silêncio? 1 Pedro 1.8 diz: "Mesmo não o tendo visto, vocês o amam; e apesar de não o verem agora, creem nele e exultam com alegria indizível e gloriosa".

Uma coisa que descobri sobre Deus é que Ele realmente não gosta de ser parado. Muitos pastores e líderes caem na armadilha de não dirigir suas reuniões voltados para o Senhor, mas apesar d'Ele. Ficam nervosos sobre as coisas "fugirem do controle", logo, qualquer coisa que pareça estranha ou fora do comum é rapidamente interrompida. Obviamente, aqueles que estão buscando chamar a atenção ou criando uma distração demoníaca precisam ser discernidos e tratados espiritualmente. Mas, muitas vezes, as manifestações emocionais vêm de pessoas que estão desesperadamente famintas por Deus e mostram isso de maneiras não convencionais. Elas não estão tentando ser esquisitas, mas a sua fome superou o medo do que os outros podem pensar. Seus olhos estão fixos em Jesus.

Essas pessoas famintas costumam ser aquelas que Deus usa como faíscas para os grandes incêndios que estão prestes a explodir. Nenhum avivamento começou depois que todas as coisas já estivessem controladas! Os avivamentos sempre foram iniciados por rebeldes. Por pessoas tão incendiadas por Deus que não podiam ser contidas. Você não pode apagar as chamas. As faíscas saem delas e contaminam as outras. Então ficam cada vez mais quentes e acendem um grande fogo, que se espalha para fora. Até gravetos em brasas provocam incêndios!

Queremos essas brasas de avivamento, não queremos? Uma grande fome de Deus que se espalhe por todas as nossas comunidades. Não podemos impedir que as pessoas reclamem ou discutam conosco, ou critiquem nosso modo de viver. Elas têm de ver e sentir a diferença em nós. Precisam ser atraídas pelo calor e a maravilha do fogo, cativadas pelas chamas do Espírito Santo.

Dessa forma, nosso maior objetivo não deveria ser começar um avivamento, mas acender nosso próprio fogo pessoal. Assim, alimentaremos as nossas chamas até que as faíscas voem e os outros sejam incendiados. Muito em breve, um grande fogo arderá e seu calor se espalhará de igreja em igreja, de cidade em cidade, até que brasas sagradas alcancem todo o mundo.

Dia 31

Somente Jesus

Sempre tenho o Senhor diante de mim. Com ele à minha direita, não serei abalado. (Salmos 16.8)

A Bíblia nos diz que os discípulos pregaram o Evangelho primeiro, depois confirmaram a palavra com sinais e maravilhas (Marcos 16.20). Algumas pessoas ficam frustradas com isso. Elas querem manifestações, curas e libertações, sem qualquer fundamento na sabedoria e conhecimento de Jesus. Contudo, apesar de existirem grandes cruzadas de cura que aconteceram na África e em outros lugares, isso não necessariamente faz a Igreja crescer ou leva as pessoas a um relacionamento com Jesus a longo prazo, o que é exatamente o que queremos. Sem uma relação profunda com o Senhor, não haverão muitos frutos. Desejamos um casamento sólido, não apenas diversão por tempo limitado.

Eu descobri, por experiência própria, que a tendência humana é sermos alcançados por manifestações milagrosas. Essas coisas acabam se tornando o foco, ao invés de Jesus. Conheço pessoas que vão de uma reunião de sinais e maravilhas a outra. Elas precisam dessa atmosfera, dessa empolgação. Mas, por dentro, estão secas, instáveis, irritadas, desesperadas e perdidas. É como um vício.

As manifestações sobrenaturais não amam nem falam com você. São experiências que Deus lhe dá, mas não é isso que Ele é. Esses eventos não significam nada, a não ser que você O conheça. Portanto, coloque seu coração em Jesus e aprecie o que Ele faz, não o contrário. Alegria, riso, cura e milagres são consequências do Evangelho. São o resultado final, não o princípio.

Em Romanos 14.17, a Palavra diz: "Pois o Reino de Deus não é comida nem bebida, mas justiça, paz e alegria no Espírito Santo". Existe uma razão para que Deus coloque as coisas nessa ordem. Eu nasci na China e cresci lá. Havia templos budistas por toda parte, cheios de incenso, ouro e ídolos, monges com seus rituais, e rodas de oração. Havia demônios em todos os lugares, e é por isso que, quando eu entro em igrejas sacramentais altas, cheias de imagens, ouro e incenso, lembro-me desses templos. Tudo ao redor de Jesus está sendo adorado, mas isso pode ser uma distração, uma nuvem nebulosa que faz com que seja muito difícil acontecer uma verdadeira união, em que corações, de fato, se encontrem.

Paulo diz, em 2 Coríntios 11.3: "O que receio, e quero evitar, é que [...] a mente de vocês seja corrompida e se desvie da sua sincera e pura devoção a Cristo". Ou seja, uma devoção sincera a Jesus é tudo o que importa. Ele é tudo o que interessa. Só Jesus. Ele é a resposta para todas as coisas. Colossenses 1.15 nos afirma que: "Ele é a imagem do Deus invisível, o primogênito de toda a criação". Portanto, qualquer que seja a sua dúvida, necessidade ou crise, só há uma resposta: Jesus.

Dia 32

Lance
sua coroa

[...] onde está o Espírito do Senhor, ali há liberdade. (2 Coríntios 3.17b)

Há algum tempo, decidimos escrever uma declaração de missão para o Iris Global, a fim de ajudar as pessoas a compreenderem exatamente o que fazemos. Então, eu fiz uma pesquisa e notei que quase todas as declarações de missão começam dizendo: "nossa missão é salvar os perdidos, cumprir a Grande Comissão, alimentar os pobres, vestir a viúva, transformar o mundo, amar os não amados, discipular as nações etc.".

Tudo isto soa muito bem, não é? E é bom! Mas o que me impressionou foi que todos esses documentos são sobre coisas que fazemos por Deus, não sobre nosso relacionamento com Ele. Diante disso, quero lhe perguntar: qual é a nossa vocação primária? Qual é a coisa mais importante que a Bíblia nos diz para fazer? Amar.

Em Mateus 22.37-39, Jesus destilou os mandamentos essenciais de Deus de forma maravilhosamente simples: "'[...] Ame o Senhor, o seu Deus, de todo o seu coração, de toda a sua alma e de todo o seu entendimento'. Este é o primeiro e maior mandamento. E o segundo é semelhante a ele: 'Ame o seu próximo como a si mesmo'".

Sendo assim, sair e fazer missão é muito bom, mas primeiro temos que estar enraizados e fundamentados no amor, em Cristo, caso contrário não há sentido em nada do que fazemos. Paulo falou deste imperativo em Efésios 3.17-18: "[...] para que Cristo habite em seus corações mediante a fé; e oro para que vocês, arraigados e alicerçados em amor, possam, juntamente com todos os santos, compreender a largura, o comprimento, a altura e a profundidade".

Podemos ir ao campo missionário, realizar milagres e fazer coisas fascinantes. Isso é incrível, mas não é pessoal. Nossos corações são projetados para o amor e a intimidade, para o relacionamento. É disso que o Reino de Deus é feito. E para expandi-lo, precisamos nos aproximar do Rei. Devemos nos conectar a Ele e à Sua vontade, para que saibamos o que fazer em nossas vida. Quando entendermos o que Ele quer que façamos, ficaremos satisfeitos e seremos mais felizes do que jamais poderíamos ser se estivéssemos seguindo nossa prórpia maneira, pois em Seu caminho, Deus nos enche de liberdade e alegria. Quando o Espírito Santo está totalmente no controle de nossa vida, é quando nos tornamos mais felizes.

Isaías 55.9 nos diz: "Assim como os céus são mais altos do que a terra, também os meus caminhos são mais altos do que os seus caminhos e os meus pensamentos mais altos do que os seus pensamentos". O nosso Pai sabe o que é melhor. Os caminhos de Deus nos fazem mais felizes do que os nossos próprios. Exemplo disso é que quando Deus nos pediu para nos mudarmos para as favelas e dar todas as nossas coisas, isso nos encheu de alegria. Foi um privilégio!

Ele nos conhece melhor do que nós mesmos. A vida é emocionante, e vemos grandes frutos nela porque é Deus que está agindo. Ele está se derramando em nós, nos santificando, nos transformando através de Sua beleza e amor. Não podemos fazer isso sozinhos. Ele é o Mestre Escultor que está tomando as nossas vidas e fazendo algo belo com elas. Nós somos a Sua obra.

Portanto, venha a Deus com as mãos vazias e total humildade, e peça a Ele que o encha. Então, ame-O com todo o seu coração, alma e mente. Quando as pessoas derem a você glória pelos milagres e manifestações que o seguem, lance sua coroa aos Seus pés.

Dia 33

Deleite-se

Deleite-se no Senhor, e ele atenderá aos desejos do seu coração. (Salmos 37.4)

Eu costumo dizer que a maioria das pessoas não vai à igreja porque já olhou para dentro de uma delas, alguma vez, e não sentiu-se atraída para entrar. Pense nisso: se você não pode se deleitar no Senhor, qual é o objetivo de fazer algo por Ele? E o que Deus ganha com isso? Ter várias pessoas sofrendo dificuldades por Ele, como bons soldados de Cristo, não é o mesmo que ter um relacionamento verdadeiro e amoroso com Seus filhos. Eu creio que boa parte dos cristãos não experimenta qualquer tipo de alegria em sua caminhada com Jesus, pois seu foco total está na segunda parte do versículo citado, em detrimento da primeira. Mas como podemos fazer com que Deus atenda os desejos do nosso coração dessa forma?

As pessoas querem saber como conseguir um romper. A palavra-chave é para elas é "querer". O que você quer? Normalmente, pensamos em muitas coisas que desejamos, e tentamos descobrir formas de consegui-las. Se não podemos obtê-las sozinhos, invariavelmente nos voltamos para Deus e pedimos a Ele que as conquiste por nós.

O problema é que não queremos Deus pelo que Ele é, O desejamos pelo que Ele pode fazer por nós, pelas coisas que pode nos dar. Começamos a ler livros que se propõem a nos fornecer respostas, entramos numa igreja diferente, procuramos por pistas de como obter os desejos do nosso coração. Nós nos esforçamos, imploramos, damos dinheiro e oramos, pensando que é o que fazemos que nos trará o romper. Tudo o que queremos é o poder de Deus trabalhando para nós.

Como podemos fazer a nossa igreja crescer? Como podemos arranjar um novo emprego? Como podemos pagar as nossas dívidas? Como podemos encontrar o marido/mulher certo? Temos uma longa lista de coisas que pensamos que nos farão felizes, mas negligenciamos o único que realmente é capaz de fazer isso. Às vezes, penso que Jesus é a pessoa mais solitária, incompreendida, desvalorizada e abandonada da Igreja.

Pense na sua vida. Quais são as coisas mais importantes, que trazem mais alegria, senão os seus relacionamentos? No fim, não é o que você conquistou, as honras ou as bênçãos que recebeu que importam. São as ricas relações da vida, pai e filho, irmão e irmã, mãe e pai, amigos...

É isso o que Deus quer de mim e de você. Uma relação de amor mútuo que seja profunda e rica. Somos feitos à Sua imagem, logo, o Senhor quer ser desejado tanto quanto nós. Ele quer que nos deleitemos n'Ele, por Ele.

Salmos 73.25 diz: "A quem tenho nos céus senão a ti? E na terra, nada mais desejo além de estar junto a ti". Da próxima vez que você orar, vá até Deus com a intenção de deleitar-se n'Ele e nada mais. Achegue-se ao Senhor como uma criança pequena que quer se deitar nos Seus braços para ouvir o Seu batimento cardíaco. Entregue-se a Ele e deixe-O cuidar de tudo. Ele conhece os desejos do seu coração, então confie em Deus para todas as coisas.

Dia 34

Amor simples

Eu a amei com amor eterno; com amor leal a atraí. (Jeremias 31.3b)

Quando eu estava na faculdade, me disseram que, se eu lesse a Bíblia e orasse por uma hora, todas as manhãs, meu dia seria bom. Então, eu levantava cedo, pegava o meu cronômetro e me obrigava ler as Escrituras. Pensava em algo para orar, e depois parava para ver se o meu dia estava melhor. Não estava.

Minha experiência me mostrou que procurar a face de Deus não é uma disciplina. Não é um trabalho duro ou uma questão de preencher um espaço de oração. Você não trataria um bom amigo assim, não é? Então por que ser assim com Deus? Não é muito amoroso programar o seu relógio para ter a certeza de que fala com o seu amigo durante dez minutos. E nem concordar, por culpa, em preencher um espaço de uma hora com Ele. Não é um ato de amor fazer orações sem vida nas reuniões. O mundo sabe o que é o amor e, quando olha para uma atitude como essa, vê religião ao invés de relacionamento.

Como é possível perceber quando alguém está apaixonado? É um mistério. Mas fato é que não é uma tarefa árdua para essa pessoa estar com quem ama. Não é algo que se pode fingir, nem tentar. Não se pode forçar, simplesmente acontece, borbulha lá no fundo. É a coisa mais natural do mundo, e cresce conforme se passa mais tempo um com o outro. A verdadeira disciplina cristã deveria ser guardar esse amor, prezando pelo tempo junto com Deus e protegendo-o do Inimigo.

Jesus diz, em João 10.10: "O ladrão vem apenas para roubar, matar e destruir; eu vim para que tenham vida e a tenham plenamente". Se você tem essa relação secreta com Deus, então está totalmente bem. Onde quer que você se encontre, o que quer que esteja pensando, Ele está com você. O Senhor tem as respostas e quer ajudá-lo. Quando você é enxertado n'Ele, Seu poder e amor podem alcançá-lo. "Eu sou a videira; vocês são os ramos. Se alguém permanecer em mim e eu nele, esse dá muito fruto; pois sem mim vocês não podem fazer coisa alguma" (João 15.5).

Nós não produzimos as respostas, muito menos os frutos, Ele sim. E isso só acontece em nós ao passarmos tempo com Deus. Portanto, não se apresse através de uma meditação ou repetindo uma oração. Decida hoje simplesmente amá-lO, sentar-se com Ele e conversar.

Em breve, as respostas para a todos os problemas ou preocupações surgirão como seiva e deslizarão da Videira para os ramos.

Dia 35

Passo a passo

[...] Não me envolvo com coisas grandiosas nem maravilhas demais para mim. De fato, acalmei e tranquilizei a minha alma. Sou como uma criança recém-amamentada por sua mãe; a minha alma é como essa criança. (Salmos 131.1-2)

Não é incrível como as crianças acreditam em tudo o que os pais dizem? É exatamente isso que faz Deus feliz, quando apenas confiamos n'Ele. Uma criança não consegue explicar porque ama a sua mãe e faz tudo o que ela diz. Ela apenas faz.

Jesus afirma, em Mateus 18.3: "Eu asseguro que, a não ser que vocês se convertam e se tornem como crianças, jamais entrarão no Reino dos Céus". Ao longo da Bíblia, continuamos voltando a esse tema da semelhança infantil, porque é muito crucial. O Reino é acessível às crianças. Você não pode entrar a menos que seja uma delas! Não importa se você é um teólogo treinado ou um especialista em tendências culturais e espirituais, se tem uma grande capacidade intelectual ou habilidade em alguma outra área, precisa ser como criança.

As crianças são dependentes dos pais. Por isso, só confiam e, na maior parte do tempo, não sabem o que acontece. Agir dessa forma diante de Deus significa ser 100% dependente de que Ele fale com você, o guie, ajude e faça coisas através de você.

Há um tempo atrás, estávamos visitando uma vila remota. Os moradores pediram ajuda para construir uma cerca e uma pequena casa de oração, então solicitamos a um dos membros da nossa equipe que ficasse com eles. A menina que escolhemos não tinha a mínima ideia de como fazer isso. Havia alguns moçambicanos com ela, e nada mais. Mesmo assim, conseguiram madeira e encontraram outras pessoas que poderiam ajudar, e uma cerca foi construída. Depois fizeram uma bela casinha de oração e a decoraram.

A moça que coordenou o projeto não fazia ideia de como realizá-lo, apenas dependia de Deus. Então eles pegaram sacos de arroz e presentes, e os doaram para as pessoas de lá. Muito em breve, os aldeões se apaixonaram pela equipe. Depois disso, alguns começaram a ser curados e mais pessoas vieram. Foi aí que os muçulmanos começaram a perguntar sobre Jesus.

Todo o cenário se desenrolou sob a direção de Deus, e não importava o fato de que essa menina não sabia o que estava fazendo. Ela não conseguia ver o que iria acontecer, quem iria oferecer ajuda, quem faria perguntas ou seria curado. Não sabia de nada! Mas Deus sabia.

Temos muita experiência no campo missionário e tentamos ensinar aos outros o que sabemos. Nós cometemos muitos erros e fizemos muitas coisas bobas, mas, pela graça de Deus, ainda estamos aqui, e nosso teto é o chão daqueles a quem treinamos! Mas tudo isso se torna nada sem a liderança do Espírito Santo.

Sendo assim, sem ouvir Deus falar especificamente com você em uma determinada situação, não se pode avançar com confiança. Não confie nos outros, nem siga cegamente. Pergunte a Ele você mesmo: "O que eu faço, Senhor?". Você não precisa saber mais nada além disso.

Seja o que for com que você esteja lidando hoje, olhe para o seu Pai. Ande passo a passo. Ele pode lhe pedir que perdoe alguém, fale com um estranho ou ajude a construir uma cerca. Quem sabe? Mas o que quer que Ele peça, faça!

Dia 36

Um rio correndo atravÃ©s de vocÃª

Pois eu tive fome, e vocÃªs me deram de comer; tive sede, e vocÃªs me deram de beber; fui estrangeiro, e vocÃªs me acolheram; necessitei de roupas, e vocÃªs me vestiram; estive enfermo, e vocÃªs cuidaram de mim; estive preso, e vocÃªs me visitaram. (Mateus 25.35-36)

Como amar o Deus invisÃvel? O versÃculo acima explica, e isso Ã© muito importante. Ou seja, se vocÃª sumir, for para uma ilha deserta por dÃ©cadas, planejando ser mais espiritual, vocÃª perdeu o objetivo. Acredito que Jesus goste de ser amado fisicamente. E como Ã© que fazemos isso? Amando as pessoas.

Deus deseja um relacionamento real conosco, no qual passemos tempo bebendo de Sua beleza e nos enchendo de amor. Logo, Ele nos quer lÃ¡ fora, amando as pessoas com a mesma beleza e dedicaÃ§Ã£o com que o Senhor nos ama. Ã‰ um rio que corre atravÃ©s de nÃ³s.

O problema ocorre quando paramos o fluxo numa extremidade ou noutra. Se nos desligarmos de

Jesus para fazermos "coisas importantes da igreja", então a correnteza cessa. Ficaremos desgastados e vazios. Por outro lado, se deixarmos a água entrar, mas pararmos de ajudar os outros, então tudo se tornará um transbordamento autossatisfatório em que não cresce o fruto nem o Reino de Deus.

A Igreja perseguida na China me ensinou que a oração é como respirar: se você parar, morre. Da mesma forma, você deve manter sempre essa conexão com Deus e as pessoas.

Amar as pessoas não significa apenas fazer a diferença em suas vidas na Terra ou melhorar sua situação, estamos falando da eternidade delas. Não trabalhamos somente para ajudar nas circunstâncias de alguém, mas sim para resgatar pessoas do inferno e levá-las para o Céu. É surpreendente, não é?

Mateus 25.40 diz: "[...] Digo-lhes a verdade: o que vocês fizeram a algum dos meus menores irmãos, a mim o fizeram". Deixe o rio do amor e da beleza de Deus percorrer você hoje. Deixe que ele transborde sobre os doentes, os quebrantados, os pobres, os solitários. Ao amar os outros, você está verdadeiramente amando a Deus.

Dia 37

Graça insaciável

Ao ver as multidões, teve compaixão delas, porque estavam aflitas e desamparadas, como ovelhas sem pastor. (Mateus 9.36)

Uma vez, Rolland e eu estávamos na África do Sul, e eu adoeci. Já faziam trinta e três dias que eu estava morrendo no hospital com uma doença viral carnívora. A condição tinha começado nas minhas pernas e, no início, os médicos me disseram que queriam amputá-las. Algo que você precisa saber é que amo correr. Então, enquanto eu estava ali deitada, disse a Rolland: "Vá comprar um tênis novo de corrida para mim. Vou precisar de um novo par desses calçados". Ele não me questionou, pois me conhece muito bem. No entanto, a doença estava se espalhando rapidamente pelos meus órgãos e os médicos afirmaram que era tarde demais. Disseram que eu iria morrer.

Imediatamente Deus me disse: "Vá para Toronto". Então me preparei para sair do hospital e avisei: "Vou ser atendida por um especialista, porque vocês disseram que não poderiam me ajudar". As enfermeiras olharam para mim e sorriram. Elas sabiam. Muitas delas tinham vindo até mim durante a noite e, embora eu estivesse fraca, tinha orado por elas e as levado ao Senhor. Mas os médicos disseram que eu iria morrer. Com lágrimas correndo por seus rostos, eles me ofereceram uma última dosagem de antibióticos que poderia prolongar minha vida. Chamavam-se "antibióticos de compaixão". Eu achei o máximo. Antibióticos de compaixão! Eu estava procurando misericórdia, mas a misericórdia e a compaixão andam de mãos dadas. O meu espírito saltou porque eu sabia que era profético.

Voei para Toronto, e a igreja de lá me disse: "Por favor, não pregue, por favor, não fale". Acho que estavam preocupados com a possibilidade de que eu morresse durante a filmagem deles. Mas eu lhes disse: "Vocês não entendem. Por trinta e três dias, Deus tem colocado uma mensagem no meu coração. Eu preciso falar". Me lembro de rastejar até o púlpito. Ele era supertransparente, por isso, não podia me esconder atrás dele. Lembro-me de dizer as palavras de Zacarias 2.5: "E eu mesmo serei para ela um muro de fogo ao seu redor, declara o Senhor, e dentro dela serei a sua glória".

Assim que eu disse "dentro dela serei a sua glória", a misericórdia de Deus me atingiu da cabeça aos pés três vezes. Parecia que ela tinha explodido dentro de mim. Fui total, completa e instantaneamente curada e comecei a dançar. Na manhã seguinte, me levantei muito cedo e calcei os novos tênis de corrida que o Rolland tinha comprado para mim. Fui correr durante uma hora sem dor e sem nenhuma fraqueza, depois de trinta e três dias no hospital. Todas as feridas foram completamente curadas!

O Senhor é misericordioso para conosco! Lembrem-se de como Jesus se sentiu em Mateus 14.14: "Quando Jesus saiu do barco e viu tão grande multidão, teve compaixão deles e curou os seus doentes".

Se você está doente agora mesmo, se está sofrendo ou lutando, olhe para o rosto de Jesus. Veja a compaixão em Seus olhos e tenha coragem. Ele é um Deus misericordioso e amoroso, que conhece as suas fragilidades e anseia por consolá-lo e curá-lo!

Dia 38

Triunfos da misericórdia

Bem-aventurados os misericordiosos, pois obterão misericórdia. (Mateus 5.7)

Enquanto eu estava gravemente doente em um hospital sul-africano, recebemos um telefonema do empreiteiro que estava supervisionando uma enorme quantidade de obras para nós em nossa base missionária. Ele nos disse que tinha acabado o trabalho e queria o pagamento. Pagamos a ele, e depois voamos para Toronto.

Quando voltei para casa, totalmente curada, encontramos todos os trabalhadores furiosos. Eles estavam prontos para atacar, havia um grande tumulto. Logo descobrimos que o empreiteiro tinha fugido do país com todo o dinheiro. Ele não pagou nenhum dos operários e nos deixou com uma dívida enorme por edifícios inacabados. Bem, o que fazer com essa situação?

Eu acredito na misericórdia, então, gritei: "Misericórdia!". Mateus 5.7 diz: "Bem-aventurados os misericordiosos, pois obterão misericórdia". Precisávamos dela, por isso, tínhamos de agir de acordo com o que a Bíblia afirma nesse vesículo, sendo misericordiosos. Diante disso, decidi: "Não vou apresentar queixa. Deixe-o".

Naquela confusão, um dos contratados daquele empreiteiro, Xavier, veio até mim tremendo. Disse que os trabalhadores queriam matá-lo. Ele não tinha roubado o dinheiro, mas era um dos supervisores e parte da equipe de gestão, por isso, ia para a prisão, porque o seu patrão tinha cometido o crime.

Então o Senhor me disse: "Pague a dívida!". Sendo assim, arcamos com a conta outra vez. Pagamos a todos os trabalhadores, conseguimos com que Xavier fosse liberto do cárcere e eles terminaram as obras da construção.

Pouco tempo depois, recebi um telefonema dizendo que um dos meus filhos tinha ficado bêbado, roubado e destruído um carro, e estava na cadeia. Eu não fiquei nada feliz. Eu o amo, mas não fiquei satisfeita. Estávamos fora, pregando, na época, por isso, não consegui tirá-lo da prisão e, devo dizer, os presídios em Moçambique não são muito agradáveis. Você não ia querer ficar lá por muito tempo. Mas o que aconteceu a seguir foi: Xavier, que tinha recebido misericórdia de nós, pegou seu próprio dinheiro, foi para a cadeia, pagou pelo carro quebrado, tirou meu filho de lá e o levou para casa.

Ele havia recebido misericórdia, e mostrou a mesma coisa. Derramou a misericórdia de Deus sobre o menino e, através dela, finalmente compreendeu que era um filho verdadeiro do Senhor. Aleluia!

A misericórdia é poderosa. É um rio que corre contra o mundo e contra a nossa carne. Derrama favor e bênção sobre aqueles que não merecem. Não é maravilhoso? E o mais glorioso é que, quanto mais a liberamos para os outros, mais podemos recebê-la para nós mesmos!

Dia 39

O poder de Deus

Quem é que vence o mundo? Somente aquele que crê que Jesus é o Filho de Deus. (1 João 5.5)

No filme *O Filho de Deus*[1] há uma frase que realmente me chamou à atenção: "Porque o povo podia sentir o Seu poder [...]". Em outras palavras, as pessoas seguiram e confiaram em Jesus porque Ele lhes revelou Seu poder. No entanto, muita gente tende a se apegar a essa ideia pelas razões erradas. Anunciam conferências de "sinais e maravilhas", sugerindo que você obterá avanço em sua vida através do poder de Deus. Então, os impactados por essa propaganda enviam dinheiro e choram, na tentativa de expressar sua fé.

Contudo não acredito que estejamos glorificando a Deus quando promovemos e vendemos Seu tremendo poder. Imagine Jesus subindo em uma montanha alta e gritando: "Ei, olhe para mim! Eu sou poderoso, sabia

---

[1] **O Filho de Deus**. Direção de Christopher Spencer. Nova Iorque (EUA): NBC, 2014. 1 DVD (134 min.).

disso?", com raios e relâmpagos saindo de Seus dedos. "E se você acha que essas coisas foram fantásticas, veja isso então!", realizando mais sinais.

Não foi assim que Ele utilizou o Seu poder. Jesus nunca o usava para Se exibir. Na verdade, era tão discreto que muitas pessoas não O percebiam. Lembre-se do menino que entregou o seu almoço para ser multiplicado ou da cura dos leprosos – ninguém esperava, mas o Senhor realmente resolveu essas situações. Por isso, digo à nossa equipe que, quanto mais subestimado for o milagre, melhor ele será. Jesus simplesmente caminhava, as pessoas se aglomeravam ao Seu redor, e Ele as curava. Fazia isso com serenidade e beleza, dizendo: "Vá e não peques mais". Foi isso mesmo. Sem drama. Às vezes, Ele nem falava muito, ou então só dizia calmamente: "Você está curado".

Jesus não Se transformou em uma febre do momento. Ele não instruiu os Seus discípulos sobre relações públicas. Não fez nada para Se promover. Com essa atitude, Cristo mostrou que a Pessoa mais poderosa do universo era A mais humilde.

Durante os primeiros anos do nosso ministério, não era raro as pessoas caminharem até cento e sessenta quilômetros por terra e lama para chegar até nós – e isso não acontecia porque estávamos anunciando o que fazíamos, mas porque eles tinham ouvido através de outros, que diziam: "Jesus está na cidade". O Espírito de Deus estava Se movendo. As pessoas não se importavam com quem éramos, com a nossa rede de igrejas ou com a história do Iris, não se interessavam por nossos diplomas ou pelo quanto tínhamos estudado: só queriam encontrar Jesus.

Quando você crê e confia que Deus está no controle, entende que Ele é capaz de cuidar de Sua própria reputação. Não é nossa função tentar fazer Deus parecer bom. Nosso trabalho é andar no Seu poder através do amor. Paulo diz que a única coisa que realmente importa é a fé trabalhando através do amor. Se não temos o poder puro e bruto de Deus se movendo por meio de nós, então não possuímos nada. Não há reino se o rei não tiver poder. 1 Coríntios 4.20 confirma isso: "Pois o Reino de Deus não consiste em palavras, mas em poder".

O que torna os cristãos diferentes? Fazer o bem? Ter um bom código moral? Não! A diferença é que as outras religiões não têm poder, mas o cristianismo tem. Podemos entrar numa vila de leprosos e falar com eles sobre o código moral de Deus, mas se quisermos vê-los curados, precisamos do Seu poder. Nós mesmos não o possuímos, mas através da nossa fé, passamos a ter acesso a ele.

De onde vem esse poder espiritual? Começa com o amor. "Porque em Cristo Jesus nem circuncisão nem incircuncisão têm efeito algum, mas sim a fé que atua pelo amor" (Gálatas 5.6). Através do amor, vem a fé, e com ela, o poder – o poder de curar os doentes, ressuscitar os mortos, ou qualquer outra coisa!

Sendo assim, se você quer experimentar o poder divino e ver vidas transformadas, a jornada começa no lugar secreto, perto do coração de Deus. Nasce do Seu amor, que tudo consome. Quando estivermos cheios do Seu amor a ponto de transbordar, então ele começará a fluir de nós para os outros, e o resultado final será o Seu poder, trabalhando através de nós.

Dia 40

Faça Deus feliz

Assim, permanecem agora estes três: a fé, a esperança e o amor. O maior deles, porém, é o amor. (1 Coríntios 13.13)

Cântico dos Cânticos é uma bela canção de amor no meio da Bíblia. Porém, esse livro não menciona Deus em nenhum verso. As pessoas alegorizaram e criaram simbologias, mas eu acredito que seja apenas uma história de amor sobre um rapaz e uma moça. No entanto, o que o torna importante e significativo é que ele nos ensina sobre a própria natureza do amor.

A Palavra nos diz, em Cântico dos Cânticos 8.6-7, o seguinte: "Ponha-me como um selo sobre o seu coração, como um selo sobre o seu braço; pois o amor é tão forte quanto a morte, e o ciúme é tão inflexível quanto a sepultura. Suas brasas são fogo ardente, são labaredas do Senhor. Nem muitas águas conseguem apagar o amor; os rios não conseguem levá-lo na correnteza. Se alguém oferecesse todas as riquezas da sua casa para adquirir o amor, seria totalmente desprezado".

Por mais que você seja perseguido, o amor não pode lhe ser tirado. É a melhor coisa que existe. A mais incrível de todas. É mais forte do que a morte e não pode ser explicado. Em geral, o ensino cristão está acima do puro romance da vida com Cristo. É sugerido a nós que Deus não precisa de amor, porque Ele é perfeito e pleno em Si mesmo. Mas há algo de romântico n'Ele que excede todas as experiências humanas. Isso é extraordinário, não é?

Ao longo dos anos, ouvi acerca de muitas ideias sobre o porquê de Deus ter nos criado. Há algumas teorias espirituais que até parecem boas: que Ele nos criou para a Sua glória, por causa do Seu nome, para tornar-Se conhecido como santo na Terra, para mostrar Seu poder, para mudar o mundo, para governá-lo... Mas eu acredito que Deus nos criou para Ele. O Senhor nos fez porque queria ser amado por quem Ele é, não por tudo o que pode fazer. Ele é romântico e quer uma parceira, uma noiva. Deseja companhia e amizade. Nós fomos feitos para Ele, à Sua imagem, e assim como precisamos ser amados, valorizados e queremos compromisso, Deus também deseja essas coisas.

Você não acha que Ele quer o nosso amor? Ser amado por quem Ele é, e não por tudo o que pode fazer? Isso faz sentido? Nós sempre dizemos que Jesus é o único que nos satisfaz, mas o que satisfaria a Deus? Pelo que o Seu coração anseia? Somos nós!

Você percebe como isso muda tudo? Não se trata apenas de sermos abençoados e amados, trata-se de

Deus ser abençoado e amado também! Pense nisso quando se sentar e falar com Ele hoje. Quaisquer que sejam os problemas que você esteja enfrentando, pense também em como você pode fazer Deus feliz!

Sobre o
Iris Global

Raízes de Rolland e Heidi

Heidi e eu começamos o Iris Global (anteriormente Iris Ministries) em 1980, e temos sido missionários desde então. Fomos ambos ordenados ministros em 1985, depois de completar nossas formações BA e MA na Vanguard University, no sul da Califórnia. Eu me formei em Estudos Bíblicos, e Heidi, em Liderança na Igreja. Sou um missionário de terceira geração nascido e criado na China, em Hong Kong e Taiwan. Fui muito influenciado pelo meu avô, H. A. Baker, que escreveu *Visões além do véu*[1], um relato das extensas visões do Céu e do Inferno que as crianças receberam em seu remoto orfanato no sudoeste da China há duas gerações. "Bem-aventurados os pobres em espírito, porque deles é o reino dos céus" (Mateus 5.3).

---

[1] BAKER, H. A. **Visões além do véu**: visões do Céu, do Inferno, dos anjos, da vida após a morte e do fim dos tempos. Rio de Janeiro: Propósito Eterno, 2008.

Heidi foi poderosamente chamada para o campo missionário aos dezesseis anos de idade, quando vivia em uma reserva indígena no Mississípi, como uma estudante de Serviço de Campo Americano. Vários meses depois de ter sido conduzida a Cristo por um evangelista navajo, ela foi levada a uma visão por várias horas, e ouviu Jesus dizer-lhe audivelmente para ser ministra e missionária na Ásia, Inglaterra e África. Quando voltou para casa, em Laguna Beach, Califórnia, começou a ministrar em todas as oportunidades que apareciam e a liderar equipes de missões de curto prazo. Nos encontramos em uma pequena igreja carismática em Dana Point, e nos casamos seis meses depois de perceber que tínhamos o mesmo desejo radical de ver o avivamento entre os pobres e esquecidos do mundo.

Trabalho na Ásia e em Londres

Passamos nossos primeiros seis anos juntos liderando equipes de dança teatral evangelística em toda a Ásia, fazendo uso de nossas experiências em mídia criativa e artes cênicas. Mas, cada vez mais, entrávamos em contato íntimo com pessoas desesperadamente pobres, e não podíamos mais ficar satisfeitos com grandes reuniões e visitas rápidas a vários locais, ainda que milhares estivessem vindo a Jesus. Tivemos de aprender a parar e a cuidar das necessidades a longo prazo, uma pessoa de cada vez.

Começamos trabalhando com os pobres nas favelas do centro de Jacarta, Indonésia, e depois entre os moradores de rua esquecidos e idosos na área urbana mais populosa do mundo, Kowloon central em Hong Kong. O trabalho de Jackie Pullinger entre os viciados em drogas em Walled City foi uma grande influência nas nossas vidas.

Em 1992, deixamos a Ásia para fazer nossos PhD's em teologia sistemática na King's College, Universidade de Londres. Mas não podíamos parar de ministrar aos pobres, por isso, ao mesmo tempo, implantamos uma comunidade calorosa e próspera para os sem-teto do centro de Londres, com um caleidoscópio de estudantes, advogados, empresários e amigos de muitos países. Aprendemos do que é composta a beleza do Corpo de Cristo!

Moçambique

Durante anos, desejamos chegar à África, em cumprimento de nosso chamado, e viver o Evangelho na situação mais desafiadora que poderíamos encontrar. Queríamos ver uma continuação de *Visões além do véu*, e concordamos com o meu avô que o lugar mais provável para voltar a presenciar tal avivamento estava entre os mais improváveis. Assim, fomos atraídos para Moçambique, oficialmente listado, na época, como o país mais pobre do mundo.

Alguns dias após a minha visita inicial a Maputo, capital de Moçambique, me foi oferecido um orfanato que ninguém poderia ou iria apoiar, nem mesmo grandes igrejas na África do Sul ou nações doadoras europeias. Era horrivelmente negligenciado e descuidado, tinha oitenta órfãos miseráveis, afligidos por demônios brutos. Pensei que seria um teste perfeito para cumprir o Sermão da Montanha. Passei a entender que o Pai Nosso sabe do que precisamos. E que buscando primeiro o Seu Reino e a Sua justiça, essas coisas também seriam nossas. Aprendi a não pensar no amanhã. Por que me preocupar? Jesus é suficiente para nós, para qualquer um.

Sozinhos e sem apoio, Heidi e eu nos oferecemos para assumir o centro e prover para as crianças em troca da oportunidade de levar-lhes o Evangelho. Em poucos meses, os pequeninos daquele orfanato foram salvos e cheios do Espírito Santo, choravam e se quebrantavam com gratidão por receberem a salvação. Jesus providenciou milagres todos os dias, enquanto os nossos filhos oravam noite e dia pela comida diária. Trouxemos equipes, melhoramos o centro e levamos as nossas crianças para as ruas para testemunharem a existência de outras crianças órfãs e abandonadas. Alguns receberam visões, foram levados para o Céu e dançaram ao redor do trono de Deus sobre os ombros dos anjos.

Repentinamente, depois que chegamos a trezentas e vinte crianças, o governo nos despejou e negou aos nossos filhos permissão para orar e adorar em nossa propriedade. Totalmente sem um plano B, os nossos pequenos saíram descalços da propriedade, sem casa. Perdemos tudo. Inclusive uma significativa quantidade de apoio, porque acolhemos a crescente presença do Espírito Santo em nossas reuniões.

Mas estávamos apenas começando a provar do poder de Deus em Moçambique. Recebemos uma doação de terra de uma cidade próxima. Conseguimos tendas e comida da África do Sul. A provisão veio de corações sobrenaturalmente tocados em todo o mundo. Logo poderíamos construir os nossos próprios dormitórios. Os pastores da zona rural ansiavam por uma escola bíblica e por experimentar tudo o que os nossos filhos tinham recebido do Espírito Santo. Os graduados saíram e começaram a curar os doentes e a ressuscitar os mortos. O crescimento da igreja no meio do campo explodiu.

Então, o avivamento foi alimentado exponencialmente pelo desespero causado pelas inundações catastróficas de 2000, quando três ciclones se juntaram e trouxeram chuvas torrenciais durante quarenta dias e quarenta noites. As inundações causaram mais danos do que os muitos anos de guerra civil em Moçambique. Um grito por Deus surgiu como nunca havíamos experimentado ou imaginado, e nossas igrejas em todo o país se multiplicaram em milhares. Deus providenciou um avião para utilizarmos na zona rural, que nós usamos constantemente para espalhar o Evangelho através de "conferências no campo" em pistas de terra em todas as províncias.

Expansão em Moçambique

Hoje, existem redes de igrejas e de assistência aos órfãos em todas as dez províncias de Moçambique, além de bases nas principais cidades. Nos últimos anos, concentramo-nos pessoalmente nos Makua, um grupo populacional do Norte que foi classificado pelos missiologistas como quase inalcançáveis. Com uma grande ajuda de missionários e nativos, desde 2002, mais de duas mil igrejas foram plantadas entre essas pessoas.

Todos os anos, milhares de visitantes vêm para nos ajudar em várias das nossas bases. Além disso, temos uma escola missionária em Pemba, que nos oferece algo especial: a formação no campo missionário! Aqui juntamos o ensino, a adoração e a transferência de unção com a aplicação diária ao ministério entre as crianças e os mais pobres, tanto nas cidades como nas vilas remotas da zona rural africana.

Iris no Mundo

O Iris tem mais de trinta e cinco bases em cerca de vinte nações, lideradas por equipes de missionários e líderes locais. Como cada vez mais pessoas querem se associar a nós espiritualmente e de todas as formas possíveis, nossa família Iris está se expandindo em país por país, um passo de cada vez. Bases estão sendo estabelecidas, obras estão se iniciando, e em nações desenvolvidas, crentes fervorosos que querem participar conosco do Evangelho estão começando as instituições de caridade Iris. Acolhemos candidatos a curto e longo prazo, e destacamos que o Iris é um ministério holístico, não limitado a especialidades particulares. Inclui evangelismo, escolas bíblicas, clínicas médicas, escolas primárias e secundárias, agricultura, formação vocacional, plantação de igrejas, conferências na zona rural, aconselhamento, programa de patrocínio de crianças e, no futuro, uma universidade em Pemba para os pobres. Nós nos colocamos à disposição do Espírito Santo para fazer uso de todos os dons que Ele nos oferece. Celebramos a vida de Deus entre nós em toda a Sua variedade!

Somos profundamente encorajados pelo interesse fervoroso no ministério aos pobres que temos encontrado em todo o mundo. Gostaríamos que todos aqueles que querem trabalhar conosco de alguma forma se familiarizassem com nossa história, ensino e valores fundamentais. Um bom ponto de partida é o nosso primeiro livro, *Sempre haverá o suficiente*, que detalha muito da história de como chegamos a este ponto. Outra sugestão na minha pequena lista é o livro do meu avô, *Visões além do véu*, que está disponível no nosso site. Para valores fundamentais, leia o nosso boletim informativo de 8 de setembro de 2010. Por fim, é possível também usar nosso Formulário de Contato para fazer pedidos e perguntas.

Em resumo, valorizamos a intimidade imediata com Jesus, uma vida de milagres absolutamente necessária, a concentração nos humildes e necessitados, a disposição de sofrer por amor e a alegria insaciável do Senhor, que é a nossa energia, motivação, arma e recompensa – nada disso é opcional!

Este livro foi produzido em Adobe Garamond Pro 12 e
impresso pela Gráfica Promove sobre papel Pólen Soft 80g
para a Editora Quatro Ventos em setembro de 2019.